決断

ニック・ファジーカス

My Basketball Journey

バスケットボール
背番号22の軌跡

ニック・ファジーカス 著
大島頼昌 翻訳・企画

徳間書店

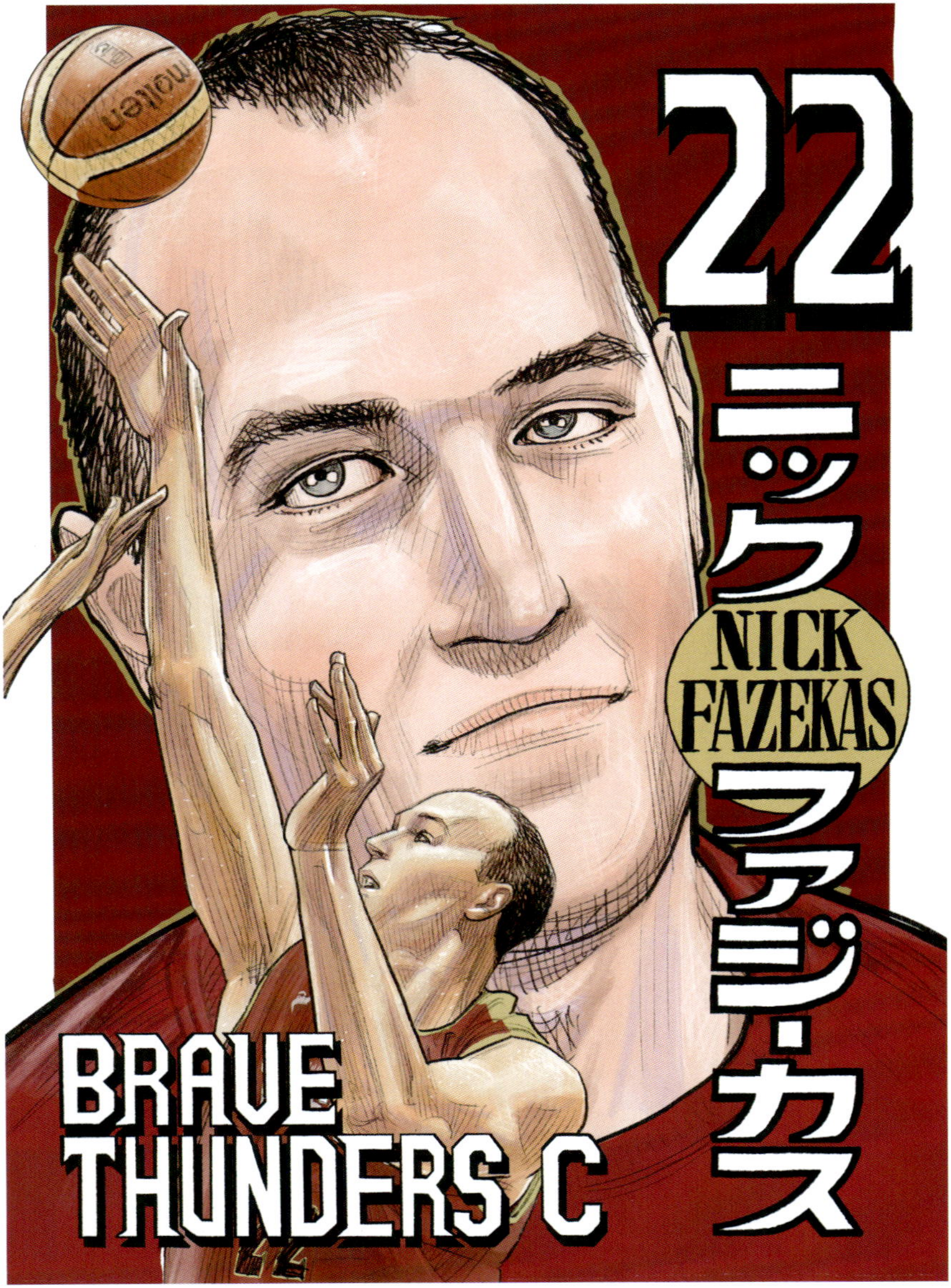

井上雄彦・画「ニック・ファジーカス」　朝日新聞2018年10月23日付

朝日新聞フォト

（左）2014年1月13日に天皇杯優勝を決めた瞬間。（下）2014年のNBLファイナルで和歌山トライアンズと戦った。

JIJIPHOTO

JIJIPHOTO

JIJIPHOTO

©KAWASAKI BRAVE THUNDERS

（左）NBL時代、ダンクシュートを決めた瞬間。
（中）2016年のNBLファイナルではアイシンに連敗したあと、3連勝した。
（右）たまにボール運びをする時もある。

JIJIPHOTO

（左）フリオ・ラマス日本代表ヘッドコーチは、まさに「プレイヤーズ・コーチ」だ。

JIJIPHOTO

朝日新聞フォト

（左）2018年6月29日、男子W杯アジア２次予選・豪州戦に勝利し、塁と抱き合う。
（右上）2018年11月30日、男子W杯アジア２次予選・カザフスタン戦の第２Q、ドリブル突破を仕掛ける。
（右下）2019年2月24日、バスケット・男子W杯アジア２次予選・イラン戦の第１Q、シュートを放つ。

朝日新聞フォト

©KAWASAKI BRAVE THUNDERS

©KAWASAKI BRAVE THUNDERS

©KAWASAKI BRAVE THUNDERS

僕が来日してから現在までを振り返ると、日本のファンの盛り上がりは格段と広がっているように思う。その大きな声援が支えとなっている。

©KAWASAKI BRAVE THUNDERS

Would like to dedicate this book to my parents
for putting a basketball in my hand
and forever believing in my dreams.
And also my wife, she is now my biggest supporter
and encourages me to continue playing.

幼少時、小さな僕の手にバスケットボールを渡し、
ずっと僕の夢を信じてくれた両親にこの本を捧げます。
そして、僕を誰よりもサポートし、現役を続けるよう励ましてくれる
妻ステファニーにも捧げたいです。

ニック ファジーカス

プロローグ　背番号22番

今でも脳裏に残っている。幼少時、お祖父《じい》ちゃんの家に遊びに行くと、部屋にある写真が飾られていた。

大学時代の父親の写真。ワイオミング大学バスケットボール部のユニフォーム姿だった。

背番号44のユニフォームを着ている父親はかっこよかった。いつか僕もバスケットボール選手になりたいと思ったきっかけだ。それ以来、父は憧《あこが》れの人物である。

小学校でバスケ部に入部した時、僕は背番号22を選んだ。父親の背番号の半分という意味だ。

それ以降、「22」は僕にとって特別な番号になった。ＮＢＡのマーベリックス在籍時は22番が永久欠番だったため、違う番号を背負っていたが、高校、大学、プロに入っても、「22」の番号をつけている。

２０１９年2月、母校であるネバダ大学が、僕が大学時代につけていた背番号22番を永久欠番にしてくれた。そのセレモニーで父親とハグした時、涙がこぼれた。今までバスケで悔しくても泣くことがなかったのに、自分でも驚いた。これが最初で最後かもしれない。

川崎でも日本代表でも背番号22をつけている。

全国の人に22番、ニック・ファジーカスを覚えていただきたい。それとここまで来るには決して平坦な道のりではなかったことをわかってもらいたい。

僕のバスケットジャーニーを、みなさんと共に。

両親、僕を支えてくれるみなさんに感謝します。

CONTENTS

目次

第3章 ネバダ大学とNBAでの決断

第4章 ヨーロッパでの決断

企画・編集　橋本優香
協力　B.LEAGUE
DeNA川崎ブレイブサンダーズ
装丁・本文デザイン　館森則之（module）
カバー写真・口絵写真　八木 淳
写真提供　Getty images
朝日新聞社
時事フォト
吉満早紀
Paul Ryan Tan
DTP　若松隆

1

第1章

日本1年目の決断

Decision to Play in Japan/ First Season in Japan

My Basketball Journey

2012年6月2日、僕の運命を左右する一日

２０１２年２月、日本のクラブから初めて連絡があった。

第４章で後述するが、当時、僕はフィリピンでプレーをしていた。

ある日、エージェントが日本のクラブの話をしてきた。

「東芝ブレイブサンダースというクラブからメールがあって、ニックに興味があるらしい」

日本のバスケットボールのことは何も知らなかった。その前年に日本のバス

ケットボールクラブのパナソニックに在籍していた、チャールズ・オバノンを友人に紹介されていたが、日本の情報に関しては皆無に等しかった。今までオリンピックやW杯などでも日本のチームを観ることもなかったし、日本のプロリーグがどのレベルなのか想像もできなかった。

その後、東芝とエージェントがメールのやりとりをして、東芝のヘッドコーチの北さんと通訳のマサが僕の試合を視察にくると伝えられた。

2012年6月2日、マレーシア・クアラルンプール。

ABL（ASEAN Basketball League）のプレーオフの準決勝。

残念ながら試合には負け、僕自身も12点しか取れず、日本から来た2人にまったくいいところを見せることができなかった。

その夜、TGIフライデーズで会食をしながら、日本のバスケットについてさまざまな話を聞いた。

東芝の拠点が東京に隣接する川崎という街にあること。トップリーグのレベル、東芝は前年、最下位だったことなど。
僕は話をしていくうちに、日本はとても魅力的な環境に違いないと感じた。そして、もしかしたら、その場で契約のオファーをしてくれるかもと期待したが、結局、その日にオファーの話はなかった。

こちらは東芝からのアプローチをはじめ、世界のバスケットボールクラブからのオファーを待つ身である。せっかくなのでいい条件、いい環境を望みたい。それに対して、自分のパフォーマンスを出すことがプロの選手である。


しばらくは東芝も含めて、他のクラブからのオファーが来るのを待つことにした。

なぜなら本音を言うと、中国に行きたい気持ちが強かったからだ。

中国のプロリーグはギャラなどの待遇もよく、シーズンも短い。中国でプレーをしている外国人はかなり稼いでいると耳にしたことがあった。できれば、僕も中国でプレーしたいと考えていた。

しかし、あるアメリカ人のエージェントに、

「中国のプレーのレベルは高い。ニックは中国でプレーできるレベルではない」

とはっきり言われた。

僕自身は中国でも十分にプレーできると自信を持っていたので、彼の言葉をモチベーションとして奮起していた。

一方、日本からのオファーという選択肢を得てからはチャールズ・オバノンや知人であった元アイシンのリッチー・フラームに相談してみた。2人とも日本でプレーすることを薦めてくれた。

そうするうちに僕の中で日本でプレーしたい気持ちが強くなっていった。

正式オファー

東芝からのオファーは、なかなか来なかった。

もしかして、東芝はオファーをしてくれないのかなと思いはじめた。不安に駆られてきたが、２０１２年６月27日、ようやく東芝から正式なオファーが届いた。

オファーの内容も比較的、よい条件だった。月給は、フィリピンのクラブの時と同じぐらい。当時のＪＢＬ（日本バスケットボールリーグ）のシーズンは割と短く、条件や環境もよかったため、すぐ契約したかったが、まだ6月だったため、しばらく待とうと考え直した。基本的にアジアのクラブは7～8月までオファーを出さないためだ。中国をはじめ、他にいいオファーが来るかもしれない。

ただ一方で、もし東芝を待たせたら、オファーを取り下げられる恐れもある。他のクラブからオファーが来るかどうかもまったくわからない状況だった。

何週間か考えて、7月半ばに東芝と契約する決断した。

初来日

海外でプレーするのは、これで4カ国目。

2012年8月17日、夕方に成田空港に着いて、外に出る。その第一印象は、とてもきれいでモダンな国だということ、そして住みやすそうだと感じた。

成田空港に迎えに来てくれたのは通訳を担当するマサだ。マサは空港から直接、東芝ブレイブサンダースの練習場に連れて行ってくれた。

成田空港から練習場まで1時間半ぐらいかかったが、その間、マサが日本の文化や習慣を教えてくれた。その時、マサから聞いたことを今でも覚えている。

「日本では人の名前は苗字から先に言うんだよ。自己紹介の時も、苗字が先で名前は後《あと》。ニックの場合は、ファジーカス・ニックだね。ニックのお祖父《じい》さんの祖国ハンガリーと同じだよ」

そんな他愛もない話をしていたら、あっという間に練習場に着いた。


チームの第一印象もよかった。新しいチームメイトとスタッフは全員、優しそうに見えた。

翌日、初めて練習に合流した。チームの全員が真面目でハードワーカーに見えた。この環境の中で長くプレーできたら、自分のキャリアにプラスになると思っていた。

東芝ブレイブサンダースは、前年は最下位で終わったと聞いていたが、このスタッフとチームメイトなら必ず巻き返せると確信めいたものがあった。

同じ年に帰化選手のマドゥ（ジュフ磨々道《ママドゥ》）とツージ（辻直人《つじなおと》）が入団し

てきたので、前シーズンより強くなる。それが根拠となった。

日本の生活にすぐ慣れたものの、ひとつだけなかなか慣れない習慣があった。ゴミの分別のやり方だ。今まで住んだ国ではゴミを分別する必要がなかったので、やり方がまったくわからなかった。

ゴミの分別のことで周りから何度も苦情が来て、マネージャーのヤマシ（山科朋史）に何回か注意された。最後は呆《あき》れられて、「チームの寮にゴミを持って来てくれれば、寮長がニックのゴミを分別してくれる」と言われて、ゴミを毎回、寮に持って行っていた。


シーズンが始まる直前、選手間のミーティングで、シーズンの目標の話をした。

その年にキャプテンを務めていた加々美裕也《かがみゆうや》が、

「今シーズンの目標はプレーオフに出場すること」

と掲《かか》げたが、その瞬間、マドゥが言い放った。

「いや、違う、それは我々の目標じゃない。目標は優勝だ」

マドゥのその言葉はチームに自信を与えた。おかげで素晴らしいシーズンになった。

来日1年目のシーズンは一生忘れない。そのシーズンから日本のキャリアがはじまった。

日本でプレーする決断をしたことで、僕の人生が変わったからだ。

日本デビュー

２０１２年10月5日、日本でデビューした。場所はホームの川崎市とどろきアリーナ。相手は三菱電機ダイヤモンドドルフィンズ（現・名古屋）だった。

その光景は今でも鮮明に覚えいる。

ただそれ以上に自分は元ＮＢＡ選手として試合会場にいるファン、相手チーム、東芝の関係者にアピールしないといけないと思って試合に臨《のぞ》んだ。東芝のファンやフロントの期待に応えられるように頑張りたかったからだ。

試合の序盤からシュートタッチがよく、全体的に調子もよかった。試合の前半にまずスリーポイントを2本決めて、19点を挙げた。後半にすぐシュートを3本決め、チームトップの25点で終わった。

チームとしても83－78で勝った。

試合終了の直後に日本で初めてヒーローインタビューを受けた。このヒーローインタビューは日本独特のものである。当初はアメリカとはずいぶん違うなと戸惑った。今ではヒーローインタビューを楽しんで、チームメイトの誕生日だったらその選手も同席させたり、チームメイトの子どもの誕生日だったら全員で合図をしたりもする。アメリカから親戚が遊びに来てたら、親戚たちに挨拶をすることもあるほどだ。

開幕5連勝とよいスタートを切って、その調子をずっと保つことができた。レギュラーシーズンの成績は29勝13敗で、3位で終わった。

ホームの川崎市とどろきアリーナの雰囲気が好き

最下位だったチームがプレーオフへ

レギュラーシーズンの上位4チームが進出するプレーオフに進出、そのプレーオフのセミファイナルでトヨタアルバルク（現・東京）と対戦することになった。

その前年、トヨタは二冠を達成した強豪チーム。

『絶対タフな戦いになる』ことは理解していた。

セミファイナルは2戦先勝したチームが勝ち上がりとなるが、第1戦を83－

80の接戦で落とした。もう後《あと》がない状態で、もし第2戦を負けたらシーズンが終わりになるところだった。

次の日の第2戦も接戦になった。残り2分の時点で72−68で4点ビハインド。しかし、そこから踏ん張った。まずはマドゥが2ポイントのゴールを決めて2点差に。ディフェンスでは相手のミスを誘い、残り30秒を切ったところで、マドゥがまた2ポイントシュートを決めた。結果、72−72の同点となり、延長に入った。

延長ではトヨタを4点に抑えて、結局78−76の点差で第2戦を勝つことができた。これで1勝1敗。第3戦の勝利チームが決勝に進む。

その2日後、第3戦はホーム、川崎市とどろきアリーナで行われた。またも大接戦になった。試合は残り1分、62−61でトヨタがリードしていた。どっちが勝ってもおかしくない試合。残り48秒、リュウセイ（篠山竜青）がキートップで3ポイントシュートを決めた。これで64−62となり、逆転。そしてそのまま逃げ切り、ファイナル進出を果たした。

前述したように東芝は前年、最下位だった。最下位からわずか1年で優勝することはプロのバスケットボールリーグではほぼ考えることができない。いや、ほかのプロのスポーツの世界でも、なかなかないことだろう。その奇跡を起こす歴史に名を残すチームになる予定だった。

ファイナルの相手はアイシンシーホース（現・三河）。アイシンもトヨタと同様の強豪チームで、2002年からリーグ優勝を4回達成したチームである。アイシンには桜木ジェイアールが帰化選手として所属しており、とてもタフなチームだ。

2013年4月17日。3戦先勝のファイナルの第1戦。

第1戦は77－71、6点差で敗れた。前半終わった時点では32－31で1点リードしていたので流れがよかった。しかし第3クォーターにアイシンに27点を許してしまい、そこで勝利を逃《のが》した。

でも、チームがやっていることは間違っていなかった。

次の日の第2戦を65－61で勝った。この日は前日と逆で、ハーフタイムで28－25で3点ビハインドだったが、後半で追いつき、延長で9－5の点差で最後は4点差で逃げ切った。

1勝1敗になって、流れがよくなっていたと確信できた。


4月19日、試合はなかったため、4月20日に中1日で第3戦に臨《のぞ》んだ。

第3戦は74－67で勝つことができたが負けていてもおかしくない展開だった。

前半は疲れが溜まり、チームのプレイが雑で、まったく流れをつかむことができなかった。前半が終わった時点は40－27のスコアで、13点の大差で負けていた。しかし、後半からチームが奮起し、アイシンのオフェンスを抑え、7点差で勝つことができた。

僕自身もこの試合はベストパフォーマンスを出せたと思う。

22点と15リバウンドを獲得でき、チームの勝利に大きく貢献できて嬉しかっ

The Asahi Shimbun/The Asahi Shimbun via Getty Images

アイシンとの第3戦。桜木ジェイアール（左）とケビン・ヤングに挟まれながらのシュートた。これで2勝1敗になって、王手をかけた。

あと1勝すれば優勝。あと少しだった。

しかし、次の日に戦った第4戦を勝つことができなかった。74－65で負けてしまった。僕はたった7点しか取れず、間違いなくこのシーズンのいちばんダメな試合だった。まったくシュートが入らなかった。ツーポイントとスリーポイントシュートを含めて13分の1という最悪なパフォーマンスだった。


この負けによって、第5戦までシリーズが延びた。

5日間に4試合のスケジュールは、確実に両チームの選手のスタミナを奪い、共にバテていた。当時、僕はまだ27歳だったが、さすがに5日間に4試合はきつかった。

第5戦は満身創痍《まんしんそうい》の試合。気持ちでぶつかり合った。

両者、なかなか思うように点を取れず、結局、58－54で負けてしまった。

僕はその年、レギュラーシーズンでは平均21点以上獲っていたが、第5戦で

試合前の姿

は、たった11点で終わってしまった。悔しい負けだった。

試合後、ロッカールームで北さんがチーム全員に話しかけた時、試合で調子悪かったマドゥが突然、泣き出した。

「ごめんなさい。この負けは全部、俺のせいだ」

北さんは「マドゥ、違うよ。マドゥのせいじゃないよ」と慰《なぐさ》めたが、マドゥは泣き崩れた。

マドゥの涙は、チーム全員の涙を誘った。

僕は来日1年目のシーズンでベスト5に選出されたが、優勝を逃がしたことで虚《むな》しい気持ちが残った。

来日した年は単年契約でプレーしていた。しかし、シーズンが終わったあと、東芝で長くプレーをしたいという気持ちが生じていた。

そして幸運にも東芝から2年契約のオファーがシーズン終了直後にあり、すぐに2年契約を交わすことができた。

少なくてもあと2年、日本でプレーができることがうれしかった。

2

第2章

キャリアを決める高校での決断

Early Childhood/ Choosing a College

My Basketball Journey

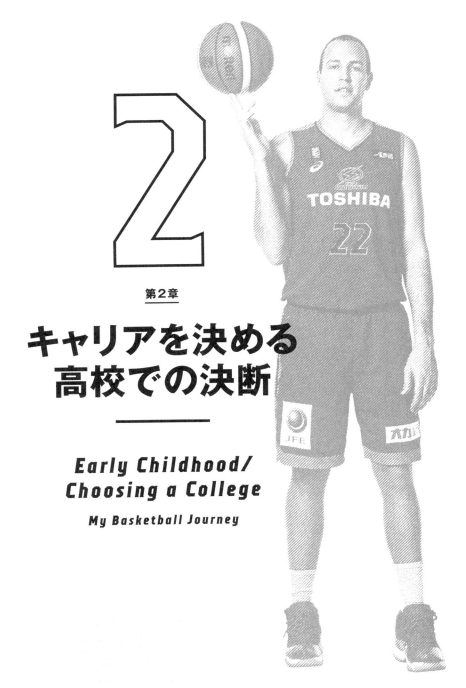

さまざまなスキルを学んだ幼少期

1985年6月17日、僕はアメリカコロラド州デンバーで生まれた。父親の職業はバスの運転手だったが、身長は207cmあった。学生時代にワイオミング大学でバスケットボールを4年間プレーしたあと、アルゼンチンのプロリーグで1年プレーした。そう、僕の父親は元プロバスケットボール選手だったのである。

僕は幼いころから野球やアメフトなどさまざまなスポーツを経験したが、やはり父親の影響からか、バスケットボールをいちばん好んでいた。

家の駐車場にバスケットボールのリングが備え付けてあったため、いつでも一人で練習できた。アメリカでは自宅にバスケットボールのリングが付いているのは決して珍しくないが、今思い返すと恵まれた環境で育てられたのだと思う。

小さいころから、チームメイトより優《すぐ》れていると言われ続けてきた。実際にチームでも中心的存在であり、試合でもよい結果を残していたからだが、父親だけはいつも厳しい要求を僕にしてきた。バスケットボールに関しては、父親から褒《ほ》められた記憶はない。

たとえ、試合でたくさん点を取っても、試合後に
「なんで第4クォーターにフリースローを2本落としたの？　ちゃんとフリースローを決めないと」

などと父親から指摘される。それに対して不満は募《つの》ったものの、その指摘をバネにしてもっと頑張って、いつの日か褒めてもらおうと発奮材料にもなって

いた。

ある日、小学校のユースチームでプレーをしていた時、ショッキングな出来事があった。

コーチが「チームルールとして、ポジションを固定しない。毎試合、全員が違うポジションをプレーすることにする」と僕たちに指示をしてきたのだ。

試合に勝つことだけに目を向けていた僕はそのコーチの意図をわからず、ただ不慣れなポジションをこなすことに恐怖を感じた。

今でも思い出すが、ポイントガードをやらなければいけない試合の前夜には、恐怖にさいなまれ、泣きながらベッドに入って寝た。ポイントガードが僕にできるか心配だったのだ。

ただ、そのような体験があったからこそ、いろいろなスキルを磨くことができ、バスケのプレーの視野も広がったと思う。このコーチの決断は間違いなく、僕にとってよい経験になったはずだ。

小学校時代の僕

12歳――シュートフォームを変える

ある日、父親が練習後に僕を呼び止めた。

「そのシュートフォームでは選手として成長しない。それは女の子のシュートフォームみたいだ」

それまでの僕は胸からシュートを打っていたが、確率よくリングに入っていたため、わざわざシュートフォームを変える必要がないと思っていた。父親からの指摘でも、シュートフォームを変えるつもりはなかった。

両親のおかげで今の僕がいる

しかし、父親も譲らなかった。あまりにしつこかったため、折れた僕は頭の上からのシュートにチャレンジしてみた。

結果は、力が足りずにリングにすら届かなかった。初めてだから当然だろう。しかし、その時は単純に入らない悔しさと、それまでの確率よく入っていた胸からのシュートを捨てなければいけない怖さで涙が出そうになった。

その時、コーチが僕を優しく慰《なぐさ》めてくれた。

「慣れるまでには時間はかかるものだよ。今日、うまく行かなくても大丈夫。明日がある」

次の日、家のリングの前に、小さくて軽い女子用のボールを持つ僕がいた。頭の上からの新しいシュートフォームをマスターするために。

どれぐらい練習を繰り返したのだろうか、憶えていないが、いつの間にか頭の上からのシュートフォームをマスターできるようになっていた。

高校時代――シューティングガードからセンターへ

1999年冬。高校時代のバスケのキャリアがはじまった。

当時の身長は187㎝だったため、ポジションはシューティングガードだった。シューティングガードとして、スタッガードスクリーンを使ってシュートを打ったり、ボール運びを手伝ったりしていた。

2年後に現在の身長210㎝まで伸びたため、ポジションはセンターに変わった。

そして高校3年生と4年生の時に、コロラド州の最優秀選手に選ばれた。高校でも周囲から注目を集めるバスケットボールプレイヤーだったのだ。

しかし、その期待の割には、ディビジョン1（1部）の大学から奨学金のオファーはあまり来なかった。僕の第一希望は地元の近くにあるコロラド大学やコロラド州立大学だったが、彼らは僕に関心を持たなかった。

マーケット大学、ユタ大学、ネバダ大学。

この3つの大学から僕にオファーが届いた。

正直、どの大学に行っても活躍できる自信があった。だた、自分のバスケのキャリアにとって大きな選択になると思ったので、慎重に検討することにした。

高校時代はガリガリだった

THE DENVER POST

BEST OF THE BEST

LORADO BASKETBALL

4A

NICK FAZEKAS

Ralston Valley

There can be no more doubts about him, at least n schooler.

No, Nick Fazekas dispelled them all in becoming Post's 2002-03 Mr. Colorado Basketball.

Fazekas, a senior at Ralston Valley (Arvada, Class 4 major attention the past two seasons simply by stepp court. Surprisingly, a fair amount of it was negative.

At 6-feet-11, he was automatic for the he's-taller-than-everybody-so-he-should-be-good category.

He doesn't run well. He's not strong enough to play inside. He's too slow.

However, Fazekas, now focusing on getting ready to play for Nevada, is a recent entry into state annals as one of the most productive big people with the numbers (individual and team) to back it up and promise for more on the next level.

Consider:

His statistics were massive. In leading the Mustangs to their first state championship in boys basketball, Fazekas had a combined 77 points, 43 rebounds and 16 blocked shots in the three most important rounds of the season (quarterfinals, semifinals and championship game). In 2002-03, Fazekas averaged 26.6 points. His season total was a state-high 718 points.

Fazekas-led Ralston Valley was 49-3 over the past two seasons, 25-2 in 2002-03. The Mustangs, who lost in overtime in the 2001-02 semifinals to eventual state champion Montezuma-Cortez, met the Panthers again in last month's semifinals. Fazekas scored 29 points as Ralston Valley won by a basket, then scored 24 in a 66-39 blowout of Windsor in the final.

In past seasons, while most Colorado schoolboys nearly 7-feet tall struggled athletically to gain control of their bodies in addition to developing basketball skills, Fazekas already has the latter.

No kidding, he presented a legitimate argument for having had the best stroke from the perimeter in 2002-03, as evidenced by a marvelous catch-and-shoot 3-pointer late in the game that was huge in the waning moments of the Mustangs' semifinal victory. His consistency on follow-ups and short hooks was unmatched — and unstoppable.

He was effective outside in other ways. He was there to catch passes against pressure. He surely was one of the best in the state at making cross-court and over-the-zone passes.

And, again away from the basket, Fazekas was a solid free-throw shooter.

Inside, his blocked shots were one thing, but the shots he changed and discouraged were just as effective. His reach and timing w erable. Plus, his rebounding frequently limited oppon shot.

Fazekas, who began the 2002-03 season at 200 p noticeably stronger in his legs than the previous seas continues to train a frame that Coloradans don't ordinar

Doubts? Forget them. He was a dominant player for t

— N

MR. C
BASKE
WINNE

1992-93
Chaunc
George

1993-94
Chaunc
George

1994-95
Chaunc
George

1995-96
Chris C
Chatfield

1996-97
Tom Sta
Green M

1997-98
Nick Mo
Columbi

1998-99
Brian G
Horizon

1999-20
Blair Wi
Westmin

2000-01
Patrick
George

2001-02
Franklin
Rocky M

Note: Mr. C
Basketball
trademark
Post

Denver Post photos / John Leyba

コロラド州の高校生の最優秀選手に選ばれた時。地元の新聞に掲載

ネバダ大学を選んだ理由

　3つの大学は、それぞれ長所と弱点があった。

マーケット大学に関しては、ヘッドコーチのトム・クリーン氏と面談した際の発言が僕の心に引っかかっていた。

「ニックは1年生の時期は練習生扱い（レッドシャツ）のため、試合には出さない可能性が高い」と告《つ》げられた言葉だ。

ユタ大学は、練習の印象があまりよくなかった。練習が長い割には練習中の雑談が多く、集中力に欠けているように映った。雰囲気がよくない練習だったため、その環境でのプレーを避けたいという気持ちが強かった。


この2校に対して、ネバダ大学はコーチ陣も好意的だった。

「もしネバダ大学に入学したら、すぐ試合に出るチャンスを与える」

当時のヘッドコーチだったトレント・ジョンソン氏が約束してくれたのだ。

ネバダ大学は実家から遠方なのがネックではあったが、キャンパスの雰囲気もよく、とても気に入った。


さらにネバダ大学には僕が入学を決断する、大きなポイントがあった。

ネバダ大学には当時、カーク・スナイダーというスター選手が3年生に在籍しており、NBAの各クラブから大きな注目を受けていた。翌年のNBAのドラフトでは間違いなく、1巡目に指名されると評価されていたほどだった（実際に全体16位で指名された）。

カークを視察するために、NBAのスカウトマンがこぞってネバダ大学の試

ネバダ大学に母と弟ジャスティンが訪れてくれた際の1枚

合を観に来るはず。もし自分がカークと一緒にプレーしたら、ＮＢＡのスカウトマンにアピールできることになる。他の大学では、そのような機会はないと考えていた。

ネバダ大学のコーチ陣が熱心に僕を誘ってくれたエピソードがある。

ネバダ大学に見学に行った時のことだ。ちょうどその時にＮＢＡのキングス対スーパーソニックスのプレシーズンマッチがネバダ大学のホームアリーナで行われており、アシスタントコーチのマーク・フォックス氏が僕を試合に招いてくれたのだ。そして観戦後には、車でリノ市の空港まで送ってくれた。高校生である僕に対して、ここまで歓待してくれたことにものすごく感動した。

何カ月も悩んだものの、最終的にはネバダ大学に入学する決断をした。

振り返ってみても、ネバダ大学を選択したことは僕の人生の中で最もよい決断だったと思う。ネバダ大学のおかげで人生が拓《ひら》け、そしてもちろん僕のバスケのキャリアも一気に変わったからだ。

3

第3章

ネバダ大学とNBAでの決断

College Years/ NBA Draft Decision

My Basketball Journey

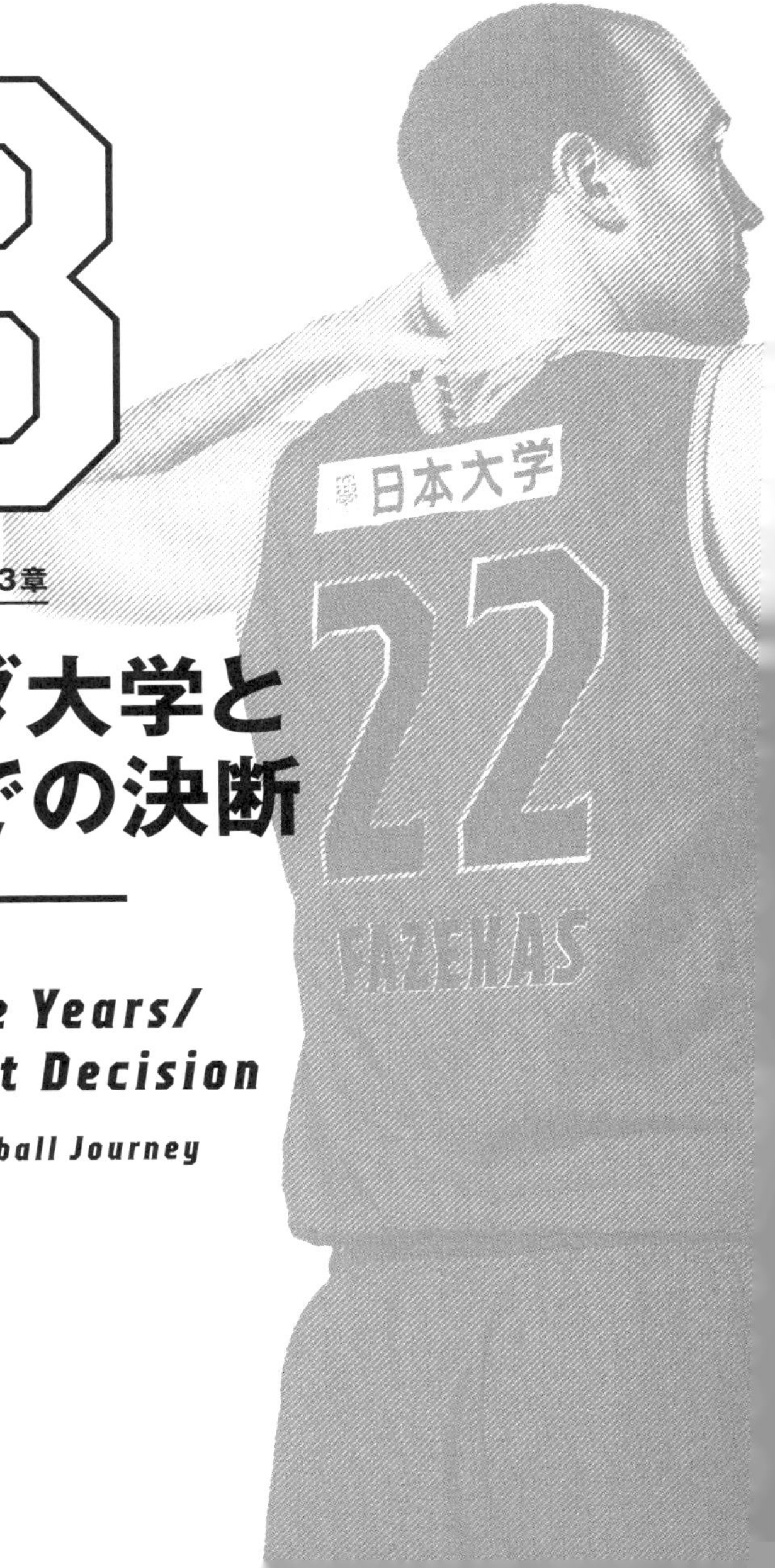

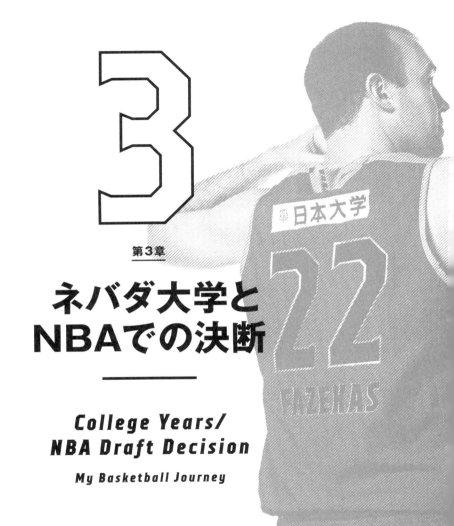

大学での成長

2003年秋。大学1年のシーズンが始まったが、僕はベンチスタートだった。まだ成長途中のため、体が脆弱《ぜいじゃく》で、大学の選手の速さやフィジカルに慣れず、練習でもチームメイトの選手になかなかついて行けなかった。

ただ、気持ちの面では負けていなかった。

もともと僕の実力を疑って、大学では活躍できないとそっぽを向く人がいたのも事実である。そういう評価を見返したいというハングリーな気持ちを持って、大学のバスケに挑《いど》んでいた。

大学のレベルに慣れ、徐々に調子が上がっていくと、ヘッドコーチのトレント・ジョンソン氏が僕をスターターとして採用してくれた。

スタメンで出始めてからは自信もつき、すぐチームに大きく貢献できるようになった。

レギュラーシーズンの成績は25勝9敗。

ネバダ大学は1985年以来18年ぶりにNCAAトーナメント（その年の大学1位を決める、バスケ版甲子園みたいなもの）の出場権を獲得した。

残念ながら、NCAAトーナメントでは3回戦で負けてしまったが、自分にとって大きく成長できた充実のシーズンだった。

カンファレンスのフレッシュマン賞（最優秀1年生選手）を受賞する可能性もあり、期待していたが、ルイジアナ工科大学のポール・ミルサップ（NBAで13年間プレーをし、2019年現在もNBAデンバー・ナゲッツで活躍しているスター選手）が受賞した。

大学2年生のシーズンがはじまる前のことだ。ネバダ大学のヘッドコーチだったジョンソン氏がほかの大学に移って、アシスタントコーチのマーク・フォックス氏がヘッドコーチに就任した。

フォックス氏はまだ35歳と若く、アクティブなコーチだった。彼のコーチの下でプレーができたことは今でも光栄だと思う。

その年にラモン・セッションズという素晴らしいポイントガードが加入したこともあり、レギュラーシーズンではまた25勝をあげることができ、連続してNCAAトーナメントにも進出した。

NCAAトーナメントでは2回戦でイリノイ大学に負けてしまった。


3年生のシーズンもNCAAトーナメントに進出したが、1回戦負けだった。

3年生のシーズンが終わったあと、僕はひとつの決断に迫られた。

NBAのドラフトにアーリーエントリーするか――。

Otto Greule Jr/Getty Images Sport/Getty Images

大学1年生のシーズンにNCAA大会でゴンザガ大と対戦

僕は大いに悩み、周りの人のアドバイスを聞いたり、ネバダ大学のコーチ陣に相談したりした。

NBAのドラフトとは全30チームが2巡まで獲得していくもので、ドラフトされる選手は1年でたったの60人しかいない。とても狭き門だ。

僕が提出しようか悩んでいたアーリーエントリーとは、NBAドラフトの対象選手は大学を卒業した者もしくは19歳に達した者に限るが、アーリーエントリーを宣言することにより、卒業を待たずに加入できるシステム。ドラフトの60日前に宣言する必要があった。

ただ、アーリーエントリーしても、指名される保証はない。そしてもしドラフト指名されても、2巡目で指名された場合、NBAのチームのロスター（公式戦に出場できる資格を持つ選手）に入れるかどうかが微妙な状態になる。

NBAのドラフトに選ばれるだけでもすごいことだが、1巡目で指名される選手と2巡目で指名される選手とではあらゆる面で雲泥《うんでい》の差がある。1巡目にドラフトされた選手は保証されたギャランティをもらえるが、2巡目に指名された選手は保証されていないことが多い。しかも1巡目で指名されるとロスター入りするのはほぼ確実だが、2巡目の選手はロスター入りできる保証はない。大きな賭けであった。

悩んだ末、リスクが高いと判断し、アーリーエントリーをすることをやめ、ネバダ大学でもう1年、プレーすることを選択した。

この決断については今、改めて振り返ってみると、その年にアーリーエントリーするべきだったかもしれない。

NBAに入ったあと、関係者から、

「もし、ニックがネバダ大学3年生の時点でドラフト入りをしていたら間違いなく、1巡目に指名されていた」

と言われた。

アーリーエントリーしなかったことを後悔しているが、もしアーリーエントリーしていたら、今の僕はなかった――。

これがすべてだと思う。

大学4年生の年に、1年生にジャベール・マギー（現・ロサンゼルス・レイカーズ）という最強のビッグマンがチームに加入した。

しかし、NCAAトーナメントでは2回戦で敗北した。

これで僕の大学でのキャリアが終わった。

大学時代に一度の優勝ができなかったが、ネバダ大学を選んだのは間違いではなかった思う。

コーチ陣やチームメイト、キャンパスライフがすべて満足のいくものだったからだ。

ネバダ大学時代に、のちに妻となるステファニーとも出会えた。

幸せな4年間。

ネバダ大学を選んだのは、人生で最もよい決断だったと思う。

NBAドラフト

大学のキャリアが終了し、自動的にNBAドラフト対象選手となった。NBAでプレーする自信があったため、ドラフトを楽しみにしていた。

2007年、NBAドラフト前にエージェントを雇って、数え切れないほど多くのNBAチームの練習場を出向き、ワークアウトに参加した。

ドラフト前のワークアウトの内容は、だいたいスポットシューティングとドリブルのドリル、2対2、3対3の練習を他の選手と一緒にこなす。チームによっては、たまにコンディショニングの練習をした時もあった。単純にコンディションの状態を見たかったのだと思う。

約1カ月の間にNBAのチーム、レイカーズ、スパーズ、マーベリックス、ジャズなどに次々と呼ばれて、ワークアウトに参加した。本当にきついスケジュールで、ワークアウトをしたあとすぐに次のチームに飛行機移動をして、また同じことを繰り返す。

エージェントからも、

「今までのクライアントの中でいちばんワークアウトを頑張ったのは君だよ」

と言われた。その言葉はうれしかったし、自信にもなった。

ワークアウトを繰り返して疲労困憊《こんぱい》だったが、NBAチームのコーチ陣の前での練習は単純にワクワクした。

NBAで長年プレーしたジョアキム・ノアやジョシュ・マクロバーツ、ジェイソン・スミスと一緒にワークアウトをしたことは、今ではいい思い出だ。

NBAのワークアウトを受けると、チームのTシャツや短パンをもらえた。

かなりの数のワークアウトに参加したため、いつの間にかNBA各チームグッズのプチコレクションができていた。いろいろなチームのロゴ入りTシャツを持ち帰って、友人や親戚に配るとみんな喜んでくれた。

プロや大学のバスケ関係者にも、

「ニックは1巡目に指名される可能性が高い」

と評価されていたため、否応なく期待していた。

2007年6月28日のドラフトが近づき、1巡目に指名される自信が湧いてきた。

小さい時からNBAでプレーするのが夢だった。

この瞬間を待ちきれない思いで迎えていた。ようやく夢が叶う時間がきたのだ。

その日、家族と親しい友人と一緒に近くのレストランの個室を貸し切り、全員でドラフトの中継を見た。

早く自分の名前が呼ばれないか待ち望んだ。

全体16位にワシントン・ウィザーズがニック・ヤングを指名した時に、一瞬自分のことかと思い、心臓が止まるかと思った。しかし、残念ながら1巡目にドラフトで僕の名前が呼ばれることはなかった。

失望と同時に、今までの努力と大学時代の実績が足りなかったのかと歯がゆく思った。

しかし、結果的にいうと運がよかった。

2巡目の4位（全体34位）で、ダラス・マーベリックスからドラフト指名されたのだ。しかも、マーベリックスは1巡目の指名権がなかったため、僕はいちばんトップのルーキー選手だった。

当時のマーベリックスは常勝チームだったため、指名されたことは純粋に光栄だったし、ダラスには叔母と仲よい従兄弟たちが住んでいたので、ダラスでプレーするのは楽しみだった。

２００７年７月。

僕はダラス・マーベリックスに正式入団してＮＢＡ選手となった。

ＮＢＡではまず、サマーリーグに参加することになった。新人選手としてサマーリーグでのプレーが自身をアピールできる格好の場である。ワクワクした。

しかし、思い描いた通りにいかなかった。

サマーリーグが始まる直前に、当時所属していた７年目の大ベテランのビッグマン、サガナ・ジョップ選手がサマーリーグに参加する意向を表明し、僕のプレータイムは奪われてしまった。そして試合に出ても本調子にまでレベルが上がらず、サマーリーグでは自分のアピールできない不本意のまま、終わりを迎えた。

希望を胸に入団したものの当時のチーム状況もあり、チームは僕を即戦力してあまり期待していなかったのだろう。

ちょうどそのころ、ゼネラルマネジャーのドニー・ネルソン氏が僕のエージ

エントに、

「ニックは今シーズンはNBAに残るのが難しいので、1シーズンだけヨーロッパでプレーしてもらいたい」

と伝えてきた。

ただし、エージェントとしては僕を簡単にヨーロッパへ行かせることはできなかった。なぜなら、エージェントは契約を交わした際にオーナーのマーク・キューバン氏から「開幕、ロスターに必ず入れる」という約束を取り付けていたからだ。

2年契約が完全に保証され、さらに開幕ロスターに入ることも約束されていたため、ヨーロッパに行く必要はなかったのである。

しかし、プレシーズンが始まったものの、僕の出番は回ってこなかった。マーベリックスには前シーズンにMVPを受賞したダーク・ノビツキーという大黒柱がいて、そのほかにサガナ・ジョップ、エリック・ダンピアー、ブランドン・バスなどという優《すぐ》れたビッグマンが在籍していた。

最初から試合に出れないのはわかっていた。

さらに、ヘッドコーチのエイブリー・ジョンソン氏は新人選手を起用したがらないという評判もあった。実際に練習でもあまり起用してくれなかったし、プレシーズンの試合でも全然出してくれなかった。

居場所を失ったため、精神的にも辛かった。

自分のオフェンス能力を見せたくても、練習にすら参加させてくれない。たまにディフェンスの練習をしてる時に、エリック・ダンピアーに呼ばれ、

「ルーキー、ちょっと俺の代わりに出て」

と代役のお願いをされた。

そもそも僕はディフェンスが得意ではなかったため、自分のアピールができなかった。常に練習に参加できず、横で見ているだけの悔しい毎日だった。

２００７年10月31日、ＮＢＡシーズンの開幕戦。

約束通り、開幕ロスター入りした。開幕戦の相手はクリーブランド・キャバ

リアーズ。試合に出れないことはわかっていたため、試合前の緊張などはない。レブロン・ジェームズのプレーを目の前で観れると思って楽しみにしていたが、運悪く彼はケガで欠場していた。

結局、僕は試合に出ることもなく、念願のＮＢＡデビューを果たすのは先のこととなる。

NBAデビューからの転落

２００７年11月３日。

念願のＮＢＡデビューを果たした日である。

ホームのサクラメント・キングス戦。試合残り３分の時点でヘッドコーチが僕の名前を呼んだ。

点差がすでに20点以上開いていたため、特別に大事な場面ではなかった。

試合は１２３－１０２のスコアで勝利。

National Basketball Association/Bill Baptist/Getty Images

NBAでプレーする夢が叶った

NBAの舞台に立つという夢は叶ったものの、試合の内容を覚えていないぐらい結果を出せなかった。

デビュー戦の僕の成績は0点、0リバウンドで終わってしまった。

その日、父親が観戦に来ていた。試合の90分前にウォーミングアップのためにコートに出たら観客席に座っている父親を見つけ、お互いに笑顔で手を振った。

父親と共に、ずっと目標にしていたNBA。その日の試合の内容を覚えていないが、父とのやりとりは一生忘れない、いい思い出になった。

デビュー戦のあとの1週間、試合に出ることはなかった。

次に試合に出場したのは、11月10日のポートランド・トレイルブレイザーズ戦。

出場時間2分弱。デビュー戦より短かったが、フックシュートを決めて、NBAで初得点を記録することができた。リバウンドも2つを取れた。この日は

2点と2リバウンドの成績を残した。

念願のNBAデビューを実現できたが、その後、辛い出来事がたくさん待っていた。

2007年11月20日、Dリーグ（NBAのマイナーリーグで現・Gリーグ）のタルサ・シクティーシクサーズに降格された。

自分はNBAにふさわしいと思っていたので、マイナーリーグへの降格命令に心底ガッカリした。契約上でもシーズンを通して、マーベリックスに残れると勘違いしていたこともあっただろう。


Dリーグでプレーするのは大変だった。

長距離のバス移動や朝早い便での飛行機移動、ホテルはグレードの低いところばかりで、NBAとは雲泥の差だった。いや、ほとんどガラガラの試合会場を見ても、大学時代に経験した環境よりもランクは下だったように思う。

環境面だけではない。Dリーグのチームに所属している選手は自己中心的なプレーが多いと気づかされた。

チームの勝率やチームワークは関せずで、個人成績のことばかり気にしている選手ばかりだった。プロの選手だから、ＮＢＡに昇格できるようにプレーをするか、海外のクラブから声がかかるのを意識したプレーに走るのは仕方ないとしても、あまりにも目に余った。とても残酷な環境だった。

その環境の中でプレーするのはもちろん辛かったが、もっと悲惨だったのはDリーグに落ちたあと、マーベリックスから連絡が途絶えたことだ。

スタッフがプレーを観に来るわけでもなく、チームから見捨てられたと感じていた。

ラモン・セッションズとのケミストリー

辛いDリーグの環境下で、ひとつだけ僕をポジティブにさせることがあった。

それはタルサのチームで大学時代のチームメイトであったラモン・セッショ
ンズと一緒にプレーできたことだ。

ラモンは、２００７年のドラフト2巡目でミルウォーキー・バックスに指名されて、僕と同じようにDリーグに降格させられていた。

ラモンとはネバダ大学で3シーズンにわたり一緒にプレーしていたため、い

Layne Murdoch/National Basketball Association/Getty Images

大学時代でもチームメイトだったラモン・セッションズとDリーグで一緒にプレーした時の一枚

いケミストリーを感じていたし、彼と一緒にプレーするのは大好きだった。大学時代に僕たちはいいコンビだったため、Dリーグでも大学時代と同じように活躍できた。

そうしたこともあり、タルサでもお互いにいい数字を残せていた。

2008年2月にラモンがバックスに昇格した。

その後、彼は11シーズンもNBAでプレーした。そして、ネバダ大学に新しいバスケ練習場の建設費として100万ドル（約1億円）を寄付した。

ラモンとタルサで一緒にプレーしていた時でも、ミルウォーキー・バックスは常に彼と連絡を取り合い、彼のプレーを視察しに来ていた。

そうした光景を目の当たりにして、僕は少し落ち込んでいた。

マーベリックスに完全に捨てられたのではないか――。

残念だったが、チームは僕にまったく興味がなかったようだ。

2008年2月13日、ようやくマーベリックスから声がかかった。約3カ月間、チームから見放されていると思っていたが、昇格した日の夜の試合に出場することもできた。相手はポートランド・トレイルブレーザーズのホーム試合。3分ぐらいの出場時間だった。

でも、NBAの3分間はDリーグの3カ月とは比較できないほどエキサイティングであり、最高峰のレベルのゲーム感覚をつかめたため、とてもうれしかった。

その翌日の夜の試合にも出場した。

すべてはいい方向に進んでいると思っていた。

2月19日にマーベリックスはニュージャージー・ネッツ（現・ブルックリン・ネッツ）と大型トレードを交わした。ネッツからジェイソン・キッド選手を獲得するために、3対4のトレードを画策したのだ。

そのトレードの条件としてネッツから出された要望は、すでに引退していた元マーベリックスのキース・バンホーン選手と契約して、トレード要員として追加することだった。

そのため、マーベリックスはバンホーンと契約することで、ロスターから1人を外さないといけなかった。

ゼネラルマネジャーのドニー・ネルソン氏から電話があった。

「話があるから、練習場の近くにあるスターバックスに来てくれないか?」

嫌な予感がした。

到着した僕にネルソン氏が告げる。

「申し訳ないけど、ニックを解雇(カット)しないといけない」

目の前が真っ暗になった。

すぐさま、自由契約になったあとは、ウェーバーリストに載ることになるなど細かい説明がされた。

2008年2月19日、僕はマーベリックから解雇されて自由契約となった。

僕にはウェーバーリストに載ったあとの10日間で、Dリーグに行くか、他のチームから声をかけられるのを待つという2つの選択肢があった。

ウェーバーリストに載ってから9日経ったが、どこからも声はかからなかった。

「明日までにDリーグに戻るか、完全に自由になるかを決めないといけない」

とエージェントから告げられた。

不安が募《つの》るあまりに、この9日間はろくに寝ることもできなかった。

翌日の朝8時、エージェントから電話が来た。

「ロサンゼルス・クリッパーズがニックと契約したいといっている。すぐ飛行機に乗ってロスに行きなさい。今晩の試合から出てほしいとクリッパーズは望んでいる」

2008年2月27日。僕はNBAの2つ目のチームとして、ロサンゼルス・クリッパーズと10日間の契約を交わした。

エージェントから電話がかかってきたあと、すぐに荷物を詰めて、ロス行きのフライトに乗った。ロスの空港に着くやいなや、直接、体育館に連れて行かれた。

プレイブックを渡され、ヘッドコーチのマイク・ダンリービー氏を紹介された。

ダンリービー氏とも少し言葉を交わしたが、

「今日の試合に出すかどうかは、わからない」

とのこと。

それでも、結局、その日の試合には4分ぐらい出場した。ロスに着いた日にクリッパーズデビューを果たすこととなった。

ただ、そのシーズンのクリッパーズは本当に弱かった。2月に入団して、22試合に出場したものの、勝利を手にしたのはたったの3試合。

僕から見ても、気持ちが入っていない選手が多かった。マーベリックスのようなプロ意識が高いチームから、クリッパーズへの移籍は落差が激しかった。弱いチームだったが、当時のクリッパーズにはスター選手のクリス・ケイマン選手が所属していた。彼は僕のことをとても可愛がってくれたし、親交を深めることができた。

僕がクリッパーズと交わした10日間契約（10デイ・コントラクト）は、NBAのルールで、これを使えるのは2回のみ。2回目の10日間契約が切れたら、自由契約になるか、シーズンの終わりまで契約を延長されるかの2つのオプションをチームは選択しなければいけない。

クリッパーズとは10日間契約をすでに2回交わしていたため、僕は再び自由契約になる覚悟をしていた。エージェントも当然、クリッパーズと別れると考えていたはずだ。

2回目の10日間契約が切れる直前、チームバスで移動中にケイマンは僕を呼んで、

「ルーキー、お前のことを気に入ってる。一緒にいるのが楽しいんだ」

と言ってきた。

「お前にはここにもっと長くいてほしい。だから、フロントには俺のケガはまだ治ってないと説明する。そうしたらニックをシーズン終了まで残すしかないからな」

ケイマンの言葉通り、２００８年3月18日にクリッパーズはシーズン終了までの契約をしてくれた。

ケイマンの優しさに感動した。一生、忘れられないだろう。


シーズン終了後もクリッパーズのメンバーとして、２００８年7月のＮＢＡサマーリーグに参加することができた。これならば、次シーズンもクリッパーズでプレーする可能性が高いと考えていた。

しかし、交渉はうまくまとまらなかった。

エージェントがＮＢＡで保証されている契約を求めたが、クリッパーズは保証されてない契約しかオファーしてこなかった。それでもエージェントは折れなかったため、チームとしては再度、契約のオファーをしてこなかった。

来シーズンの僕が所属するチームはなくなってしまったのだ。

たとえ、２００８－09年に行き先が見つからなくても、前年にマーベリックスと2年契約を交わしたため、収入はまだ入ってきていた。生活費のことは心配する必要はなかった。

ただ、よい条件のオファーがＮＢＡチームから来なかった場合、海外でプレーすることも視野に入れなければいけない。まだプロとして2年目だったので、できれば海外には行きたくなかった。

僕に少し興味を持ってくれたＮＢＡチームもいくつかあったが、保証されている契約のオファーはなかった。

その中でいちばんよいオファーは地元のデンバー・ナゲッツからだった。迷わず、僕はここに決めた。

ナゲッツでの不振

ナゲッツは小さいころから応援していたチームだった。もともと好きなチームだったので、入団した時はワクワクした。また、デンバーの郊外にある実家から練習に通うことができたので、僕にとってよい環境だった。

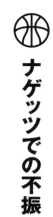

デンバーでプレシーズンの試合があった時には、家族や友人が観戦しにきていた。僕はなおさらワクワクしていた。

当時のナゲッツには、スーパースターのカーメロ・アンソニー選手とアレン

・アイバーソン選手がいた。その2人と一緒にプレーできて光栄だった。
その年のナゲッツのロスターはほとんど埋まっており、ロスターの枠は1つしか空いてなかった。その1つの枠を狙っていたのは、自分を含めて4人。

ただ、当時のナゲッツのヘッドコーチだったジョージ・カール氏は僕を全然相手にしない印象だった。実際に彼は「僕の名前も知らないいんじゃないか？」と思うぐらい話しかけてこなかった。

ロスター入りするためには、特別なことが起こらないと難しいと内心では感じていた。

僕も含め、保証されていない契約をしていた4選手はロスター入りする可能性が低いと十分理解していたはずだ。しかし、その薄い望みすら打ち壊す出来事が起きた。

シーズン前に、大ベテランのジュワン・ハワード選手が入団したのである。その瞬間、4人がチームに残る可能性が0％になった。

2008年10月23日、ナゲッツに解雇された。

絶対にこの日が来るだろうと承知していたため、あまりショックではなかった。しかし、ＮＢＡシーズンの開幕直前。タイミング的によくない時期であるのは確かだった。

他のＮＢＡのチームに入ることは絶望的だったため、仕方なく、ヨーロッパに行ってキャリアを続ける道を決断した。

いやそれしか、ほかに道がなかった。

4

第4章

ヨーロッパでの決断

Decision to go to Europe

My Basketball Journey

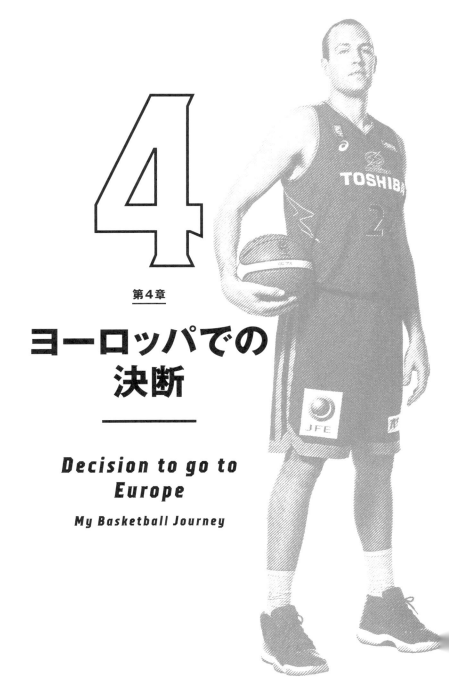

デーブとのヨーロッパ

2008年11月。いろいろ考えたうえで、すべての選択肢から選んだ道はベルギーにあるベース オーステンデというクラブと契約することだった。

しかし、嫌な予感がした。ベルギーに着いた直後から、すべてが自分に合わない気がしたからだ。

練習は長い割に効率性がなく、コーチ陣とも意思の疎通がうまくできていなかった。本当に辛い時期だった。

確かに当時の僕は精神的に未熟で、前向きな考え方ができていなかったため、僕のほうにも問題があったかもしれない。

ＮＢＡのチームから開幕直前での解雇だったゆえに、海外でプレーをする心の準備ができていなかった。そしてＮＢＡでプレーを続けられなかった悔しさを抱えたままで、気持ちよくプレーしていなかったはずだ。間違いなく、それは態度として表れていたと思う。

正直に言うと、ベルギーに長くいたくなかった。不満だらけの僕の振る舞いに、クラブ側も相当目障《めざわ》りに感じていただろう。

僕の唯一の心の拠《よ》り所は、大学時代から仲がよかったデーブ・エリスがベルギーに同行してくれていたことだ。デーブとは大学時代のチームメイトであり、彼がベルギーに来てくれたことは僕にとって心強かった。

ベルギーの住んでいた街オステンデは小さく、退屈だった。もし、デーブがいてくれなかったら、気が狂っていたかもしれない。話し相手がいて、心底助かった。

ベース オーステンデに入団して2カ月後、僕は左手の親指をケガしてしまった。

診察を受けて骨折ではなかったものの、左手がきちんと使えなくなっていたため、チームスタッフにプレーに支障が出る説明をした。すると、返ってきた言葉は「テーピングをして、プレーして」だった。

僕のケガについての主張に対し、クラブ側は最初から疑っていた。そのやりとりはしばらく続いたが埒《らち》が明かず、溝《みぞ》はさらに深まっていった。

ある日、ベース オーステンデのゼネラルマネジャーが練習場に来て、僕にこう告《つ》げた。

「ニックがやってることは正しくない。ニックを解雇するしかない」

普通、このような戦力外通告を受けると、悔しい気持ちになったり、落ち込んだりするかもしれないが、この時は内心ホッとした。逆にアメリカに帰国できることのうれしさが勝っていたのが、正直な気持ちだった。

その日、アパートに戻って、デーブとハグして、

親友のデーブ。彼のおかげでヨーロッパを凌ぐことができた

「やっとアメリカに帰れるぞ！」

と叫んだほどだ。

そのころもマーベリックスからまだ給料をもらっていたので、お金には困っていなかった。アメリカに帰ってからエージェントにも、

「しばらく休んで、ケガをゆっくり治したほうがいい」

と言われた。


何週間が経《た》ち、親指のケガが完治したので、新しい行き先を探すことになった。

すると、フランスのリオン市にあるアスベルというクラブが、ケガをした外国人選手を完治させる間の短期契約オファーを出していると聞いた。

僕はアスベルと契約を交わし、フランスへと旅立った。そしてまた、デーブを連れて行くことにした。

指のケガも回復し、満足いく活躍できたので、もしかしたらクラブに残るこ

とができるかと思っていた。しかし、ケガをしていた選手が回復したため、自由契約になってしまった。

２００９年初夏。僕は再び自由契約の身になってしまった。

しかし、心機一転、ＮＢＡにもう一度挑戦するためにトレーニングを行うことにした。

6月にサンフランシスコに赴《おもむ》き、他の選手と一緒に2週間のバスケとコンディショニング合宿に参加した。

バスケのトレーニング担当は元ＮＢＡヘッドコーチのボブ・ヒル氏、コンディショニングの担当は元軍人フランク・マトリシアノ氏だった。

今までのトレーニングと比べると圧倒的にきつかった。毎日バスケの練習とハードなトレーニングの繰り返し。当然、疲れは溜まったが、人生で最もよいコンディショニングとなり、プレーの調子も絶好調だった。

その合宿に参加した選手たちはほとんど無名な選手ばかりだったが、一人だけ意外な選手がいた。

ブレイク・グリフィン選手（現・デトロイト・ピストンズ）だ。彼はその年のNBAドラフトで、間違いなく全体1位にドラフトされると予想されていた将来有望なスター選手。案の定、その年のドラフトでロサンゼルス・クリッパーズから1位で指名された。

一緒にトレーニングしていた時から彼が優《すぐ》れているのはわかった。それ以上に、抱いているバスケ愛を感じさせ、かつ謙虚で話しやすい好青年だった。彼は間違いなく、NBAのスーパースターになると思った。

時を経て、2015年のシーズンオフのことだ。ロサンゼルスで過ごしていた僕に突然、ブレイクから電話がきて、「一緒にトレーニングしよう」と誘われた。

彼とは頻繁に連絡を取り合っていたわけではなかったのでビックリした。その夏、ブレイクと何回かトレーニングして、彼といろいろ話ができた。

2009年7月にオーランドで行われたNBAのサマーリーグにボストン・

セルティックスのメンバーとして参加することになった。調子がよかったこともあり、プレーではいい結果を出せたと思った。ファン投票でも、サマーリーグのベスト5のセカンドチームまで選ばれたが、その後にボストン・セルティックスから正式なオファーはなかった。

インディアナ・ペイサーズからは2009年のNBAドラフトの前に呼ばれ、ワークアウトに参加した。ワークアウト終了後に、社長のラリー・バード氏から、「もしドラフトでビッグマンをドラフトしなかったら、ニックと契約したい」と通告された。

2009年のドラフト当日。僕はインディアナ・ペイサーズがビッグマンを指名しないように祈っていた。しかし、結局は全体13位でノースカロライナ大学の最強ビッグマンといわれるタイラー・ハンズブローをドラフトしたため、また僕の希望は叶わなかった。

同年夏、ワシントン・ウィザーズが僕に興味を持っているという話も聞いた。契約のオファーをしてくれると期待して待っていたが、最後までオファーはなかった。

今とは異なるが、当時のＮＢＡのルールではロスターに15人しか入れなかった。今はロスターに選手15人プラス２人の２ＷＡＹ選手（ＮＢＡとマイナーリーグであるＧリーグを行ったりきたりできる）がロスターに入れる。

そのため、ＮＢＡのロスター入りはとても難しいことだった。特にギャランティの保証されている契約をできる人は一部だけ。それだけ狭き門だった。

２００９－10年のシーズンはまたＮＢＡでプレーができない可能性が高くなった。

仕方なく、また選択肢を国外まで広げざるを得ず、ヨーロッパに戻ることにした。その中からフランスでプレーする決断して、ＪＤＡディジョンというクラブと契約した。

もちろん今回のフランス行きでも、友人のデーブに同行してもらった。

しかし、最初からさまざまな問題に直面することとなる。

フランスでの絶望感

訪仏する前にＪＤＡディヴィジョンのヘッドコーチと電話で挨拶した時は好感を持っていた。しかし、チームに合流するや、すぐに嫌な予感がした。電話で話した人とは別人かとを思うほど、性格が合わなかった。そして、試合にあまり出してくれなかった。

フロントも給料を約束の日に払ってくれなかった。きちんと支払われたのは最初の月のみ。２カ月目は１週間遅れ、３カ月目は２週間遅れ、４カ月目になったら支払いが3週間も遅れていた。さすがに3週間も給料が支払われない時点で、アメリカに帰るつもりだった。

これは僕だけではなかった。今でもよく覚えているが、ホームの試合の2日前に選手全員が給料をもらっていなかった状態であり、チーム全体が緊迫したムードに陥っていた。

地元のフランス人選手が、

「給料を今すぐ支払わなかったら、今週末の試合に出ない」

とチームスタッフに叫んだ。このボイコット発言はフロントにも届き、焦ったのだろうか、次の日に給料の振り込みがあった。

そんな環境下の時期に、僕が陥っていた絶望感は今でも言葉にするのが難しい。

練習は毎日2回あり、ヘッドコーチとの関係は最悪、給料の支払いは毎回遅れていた状況である。

JDAディジョンにいたころは、本当に惨《みじ》めで、早くアメリカに帰りたかった。

シーズンの途中、左足首に少し痛みを感じはじめたので、ドクターに診てもらった。足首に骨片があると診断されて、手術が必要だと言われた。

一般的にはアスリートにとって手術をしないに越したことはないが、この時はアメリカに帰れると思ってうれしくなった。ただ、チームからシーズンの残りの給料を払ってもらうためには、手術したという診断書を提示する必要があった。

手術をすれば、足首がすぐ治るとの診断である。この時は帰りたい気持ちも相まって、安易に考えていた。しかし、このことが選手生命を脅《おびや》かす問題になるとはつゆほども感じていなかった。

ケガの後遺症

足の手術をしたころは、元婚約者とアメリカネバダ州リノで同居していた。

足首の手術をした病院はカリフォルニア州ロサンゼルスだったため、術後の抜糸をするまでの1週間はエージェントの家に宿泊させてもらっていた。僕自身は動きが取れずに不便を強《し》いられたし、エージェントの家にずっと滞在していたからか、婚約者の彼女は退屈で、日に日にイライラが募ってきているようだった。

彼女のためにも少しでも早く抜糸をしてもらい、リノの自宅に帰ろうと考えた。

僕自身も普通の生活に戻りたかった。

医師に相談してみたところ、「少し早いけど、抜糸をしてもいいよ」と許可が下りたため、抜糸してもらうことした。

その判断は大失敗だった。

抜糸から数日後、足首に痛みが生じてきた。痛みと共に、足首がどんどん腫れてきていた。

すでにリノに帰宅したため、大学時代にお世話になったトレーナーに診てもらうことにした。

「腫れをとるには、足首を動かすのがよい方法」と僕の足首をひねったり、押したりした。

それは最も悪い方法だった。

ひねりすぎたことが原因でその箇所に血腫ができ、痛みは前より強くなってしまったのだ。この悪化した状態は素人の僕が見ても絶対よくないのは明らかだったし、この足がどうなってしまうのか不安で仕方なかった。

この時期は先行きが見えない不安の状況であり、精神的にも本当に辛かった。バスケのキャリアが終わってしまったとも思ったし、足首の手術を受けたことや早く抜糸したことの後悔に苛《さいな》まれていた。

当然、自分のことも責めた。ストレスが溜まり、手術した部分もうずき出した。

医師から処方された抗生物質を飲みはじめたことで腫れと血腫はひいたものの、痛みはまだ残っていた。

きちんとした病院でもう一度、足首を診断してもらうことにした。

「手術した傷口がきちんとふさがっていなかったため、バイ菌が入ってしまい、腫れや痛みになった。そして無理矢理、足首を動かしたせいで、バイ菌が足首中に充満してしまったことだと思われる」

これを回復させるには、再度足首の手術を受ける必要があるという診断だった。

今回は術後も安静にし、傷口がきちんとふさがるのを待って、時間が十分経てから抜糸をした。これにより足首の痛みは取れたものの、完全に元の状態には戻らず、違和感は残ってしまった。

2010年、夏。2回の手術とリハビリにより、NBAサマーリーグに参加することはできなかった。この年も、NBAに戻る可能性が消えたのだ。

さらに、追い打ちをかけるように術後の経過を診た医師から、

「足首がこんな状態では、もうバスケはできないだろう」

と宣告された。

まさかこんなことになるとは……。

まだ25歳だった。

キャリアのピークを迎えるはずだった。まだ、心の中では自分はNBA選手

だと思っていたため、バスケから離れることは到底、受け入れることができない。悪夢なら早く醒《さ》めてほしいと思った。

しかし、現実だった。

この足首でＮＢＡに復帰するのは難しいチャレンジだということは僕にははっきりとわかっていた。

ただ簡単に夢をあきらめることはできない。何カ月も懸命にリハビリを試みた。ただ、足首の状態は少しはよくなったものの、まだ自信を持ってプレーできる状態にはほど遠かった。

僕のバスケ人生は瀬戸際に立たされていた。

ヨーロッパに戻りたくなかったけれど、ＮＢＡのチームからのオファーは当然ない。道のない道をあてもなく彷徨《さまよ》っている状態だった。

痛みを抱えたままでのプレー

２０１０年11月1日。ＮＢＡの下部リーグであるＤリーグのリノ・ビッグホーンズが僕をドラフトの全体１位に指名した。

このドラフト１位は光栄だったが、話題作りのためということを僕自身は知っていた。リノ・ビッグホーンズはネバダ大学と同じ地域のリノを拠点としている。大学時代に活躍し、知名度の高い僕を獲得したら話題になると、オーナーが目論見《もくろみ》を持って選んだと推測できた。

しかし、僕としては救いの手であることは変わりがない。Dリーグでプレーをしたくなかったが、もう一度、再起をかけることにした。

リノ・ビッグホーンズに入団してからも、足首に違和感があった。そしてプレー中だけだった痛みも、ついには日常生活まで及んでしまった。練習を続けるために毎回、痛み止めの薬を飲んで臨《のぞ》んだが、本調子でプレーすることができなかった。

チームトレーナーとコーチ陣に足首の状態を打ち明けた。

ただ、病院にてX線によるレントゲンを撮ったが、異常な部分は見つからない。そのため、仕方なくプレーを続けるしかなかった。

リノ・ビッグホーンズのヘッドコーチ、エリック・マッセルマン氏は弱冠46歳で、NBAのウォリアーズとキングスにおいてヘッドコーチを務めた経歴を持っていた。そのマッセルマン氏は「ニックが必要だ」と言い続けてくれている。その言葉に応えたい一心で、痛みをだましだましながらプレーを続けた。

しかし、これも間違った判断となる。

それでも11月半ばから12月末まで、12試合を先発出場して、平均25・7分で14・6得点をあげた。足首の状態を考えると、その数字は悪くなかったと思う。

しかし、もう限界だった。12月末に痛みが増し、もう歩けないほどになっていた。

ビッグホーンズのトレーナーとコーチ陣に「もう、プレーできない」と伝えた。もう一度、病院で再検査したいとお願いし、遠征先のロスで医師に診てもらった。今度はMRIを受けると、はっきりとダメージの箇所が確認できた。

足首の骨にヒビが入っていたのだ。医師からは
「少なくても3カ月の休息が必要。復帰できるのは3月」

との診断が下されたので、そのシーズンは台無しとなった。

4月ぐらいに海外でプレーする選択肢はあったが、そのシーズンは大事をとって完全にプレーするのをやめ、治療とリハビリに専念することにした。

バスケ人生、最悪の時

２０１１年の夏。間違いなく、今まで歩んできたバスケのキャリアの中で最低な時期だった。

26歳はＮＢＡの選手として見ると、中堅からベテランといえる年齢である。

しかし、僕はこの2年間はずっとケガに悩まされていた。ＮＢＡのチームからはまったく連絡が来なったのも当然といえば当然だ。

自分としてはまだＮＢＡでやっていける自信があったが、ＮＢＡでプレーする可能性はもうゼロだということは理解していた。

この夏にバスケの第一線から身を退《ひ》こうかと真剣に考えていた。そして第二の人生を歩む準備をはじめ、プロバスケット選手からの引退後の道筋をほぼ決めていた。

そのころ、一緒に暮らしていた元婚約者と2人で新しい事業をはじめようと考えていたのだ。それは少年向けのバスケットボールスクールだった。そのため、彼女は僕の誕生日プレゼントとしてホームページ用のＩＰアドレスを買ってくれた。

バスケットボールスクールをはじめようと拠点をテキサス州ダラスに移し、体育館に問い合わせをして価格交渉をするなど、いろいろとリサーチを開始した。

新事業に専念する直前まで話は進んでいった。

しかし、そのプランが急に崩れてしまった。元婚約者と別れ、僕は実家に帰ることになった。

何もない宙ぶらりの状態。バスケを続けるかどうかすら決まらず、ただ漠然とどのようなオファーが届くかを待っていた。

だが結局、誰も僕に興味がなかった。エージェントが探ったところ、オファーは2つだと言われた。

ひとつはスペインから、もうひとつはハンガリーからのオファーだった。

ただし、両方ともギャランティは低いオファーだった。

ハンガリーのクラブからのオファーは月7000ドル（約77万円）と低いものの、もし入団したらハンガリー国籍が取得できる条件付きだった。

もし、ハンガリー国籍が取得できた場合、ヨーロッパでは外国人選手扱いではなく国内選手としてプレーできる。そのため、ハンガリー国籍を取得できるのは魅力的な条件であった。

ただそれ以外の条件が低く、どうしてもその気にならなかった。

やはり、ベルギーとフランスでプレーした際の後味悪い経験が、ヨーロッパ行きの足かせになっていた。

そのころ、エージェントがいいオファーを見つけてくれないと不満を抱いていた。未熟だったのだろう。当時の僕はその現実を受け入れられなかった。

3年ぐらいケガに悩まされてきたバスケ選手の株は、だいぶ下がってしまうのは必然のことなのに。

16時間のドライブ

2011年11月。Dリーグに戻るしか、僕には選択肢がなかった。

リノ・ビッグホーンズとは契約することはできたが、そこに出戻ってプレーするかどうかを迷っていた。自分のプライドがなかなか許してくれなかったからだ。

チーム合宿がはじまる前に、実家からリノまで一人で16時間ぐらい運転してクラブに向かうことにした。

人生の中で最も辛いドライブだった。途中で何度も車をUターンさせて帰ろうと思った。もし車を止めて帰っていたら、間違いなくバスケを完全に引退していたことだろう。

結局、車を止めずに、引き返すこともなく、無事にリノに着いた。

それはなぜか？　ただ、バスケを忘れられなかっただけだからだろう。

不思議と着いた時には、もう一度ビッグホーンズで頑張ると決心がついていた。

足首の状態も回復し、体のコンディションもよかったから、絶対いい結果を出せると信じていた。

予想通り、シーズンがはじまると6試合で平均29分出て、18・5得点の数字を残した。ここにきてようやく、足首をケガする前のレベルまで戻ってきていると確信することができた。

フィリピンからのオファー

２０１１年12月。ビッグホーンズで６試合をプレーしたあと、フィリピンのクラブからオファーが届いた。

ペトロン・ブレーズ・ブースターズというクラブで、ＰＢＡ（フィリピン・リーグ）の中では歴史があるクラブだった。

フィリピンはバスケットボールが盛んで、ギャランティも好条件のチャンスだった。ペトロンのオファーは２０１２年１月から４月末までの４カ月の契約だった。

しかし、ビッグホーンズは僕を手放したくなく、自由契約に応じてくれなかった。当時のエージェントがチームと粘り強く交渉してくれたが、一向に前に進まない。

僕の心はすでにフィリピンに行く決断をしていた。

最終的にDリーグの規定であるバイアウト（2万5000ドルの違約金）をビッグホーンズに払えば、自由契約になることで合意をした。

その違約金は新チームであるペトロンの給料から差し引かれたので、毎月の給料が少し減ることになった。

2012年1月。フィリピンでの新たなチャレンジを楽しみにしていた。

きれいなホテル暮らしなど、待遇はすこぶるよく、生活しやすい環境だった。近くには大きなショッピングモールやスターバックスもあったので快適だった。

肝心のチームのほうも練習に合流すると、雰囲気がよく、チームスタイルも自分に適していた。

Paul Ryan Tan

初めてアジアでプレーした場所はフィリピン。フィリピンのバスケは自分に合っていたと思う

レギュラーシーズンがはじまり、最初から調子がよかった。6試合が終わった時点で1試合平均31得点以上と18リバウンド以上を記録し、チームに大きく貢献できたと思った。

しかし、新しい外国人選手が入団するという噂が流れはじめた。その直後にウィル・マクドナルドという選手が練習場に現れたため、契約延長はされずにクビが宣告されるのは時間の問題だとわかった。

3月に入ったある日、案の定、ゼネラルマネジャーにスターバックスに呼び出された。

「ニックを解雇することに決めた。理由はチームメイトと噛み合ってないからだ」

フィリピンでの生活はたった3カ月だったが、ケガによるどん底の状況、引退まで考えた僕が、再び納得できるプレーできたことの自信と喜びが得られたのは大きかった。

今後のことは帰国してゆっくりしようと思っていた矢先、ペトロン・ブレーズ・ブースターズの親会社であるサンミゲルからオファーが届いた。サンミゲルが加盟しているのはＰＢＡではなく、アセアンバスケットボールリーグ（ASEAN Basketball League＝ＡＢＬ）という新しいリーグだった。クビになった直後だったため、あまり乗り気ではなかったが、ペトロンの条件より、よいオファーだったため、契約することにした。

6月30日、サンミゲルでＡＢＬの決勝戦まで進出したが、準優勝で終わってしまった。その直後の7月に東芝（現・川崎）と契約をして、8月17日に初来日をすることになった。

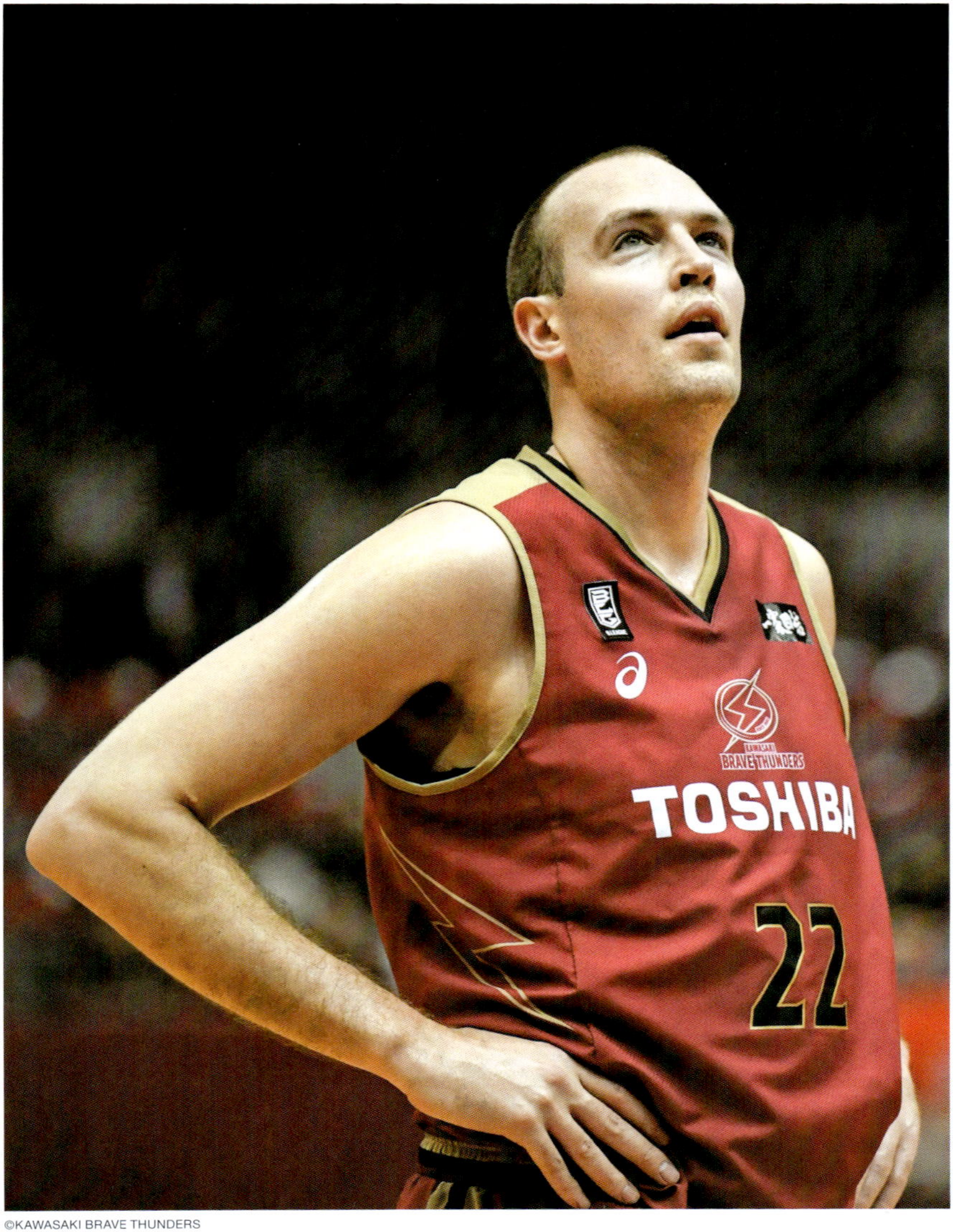
TOSHIBA
22
KAWASAKI
BRAVE THUNDERS

（上2枚と下）2歳か3歳ぐらいの時の写真。（左）小学生のころ。弟のジャスティンと。

(右) 10代前半。このころは無我夢中でバスケに没頭していた。(左) 高校4年生の時にデンバー・ナゲッツのホームアリーナで優勝を成し遂げた。(下) 2019年2月27日に母校ネバダ大学が永久欠番のセレモニーをしてくれた。

妻のステファニーと息子のハドソン。

5

第5章

NBLから B.LEAGUE 初年度

2015-16
NBL Championship Season/
2016-17
B. LEAGUE First Season

My Basketball Journey

NBLで優勝した年のあとに

NBLの2013－14シーズンでは、プロとして初めて優勝を経験した。

レギュラーシーズンを1位通過して、プレーオフとファイナルでストレート勝ちした。レギュラーシーズンの成績は46勝8敗で、プレーオフではトヨタアルバルク（現・東京）に2連勝して、ファイナルでは和歌山トライアンズに3連勝した。

スタメンはリュウセイ（篠山竜青《しのやまりゅうせい》）、ツージ（辻直人《つじなおと》）、セッド（セドリック・ボーズマン）、マドゥと僕だった。自分でいうのもおかしいかもしれないが、チームに弱点はほとんどなく、本当に強いチームだったと思う。シーズン中も、あまり苦しい時期はなかった。ケガ人もほとんど出なかったし、選手間での揉め事もなかった。

パーフェクトなシーズンだったといえる。

このシーズンは天皇杯とリーグ優勝を達成して、二冠を取ることができた。

ただ、その翌年の2014−15シーズンは困難な年になった。

2014年12月にリュウセイがリンク栃木ブレックスのバローン選手とぶつかり、脛《すね》を骨折してしまった。リュウセイのような大きな存在である選手の離脱はチームの状況を大きく左右するが、その2カ月半後にもう一人のポイントガードのヤス（山下泰弘《やましたやすひろ》／現・島根）も肩の脱臼により残りの試合に出れなくなった。

その後、セッドも肩をケガして、アメリカに帰国した。

僕自身も4月途中に足の親指近くに痛みを感じた。最初は痛みを我慢してプレーを続けたが、痛みがひどくなったため、病院で診てもらった。足の親指の近くの部分に疲労骨折があり、残りの試合の出場にストップがかかった。来日3年目で初めて大きなケガをしてしまった。

主力メンバーである4人がケガで離脱したため、チームは崩壊した。プレーオフのクォーターファイナルでアイシンシーホース（現・三河）にストレート負けして、連覇にならなかった。

2015―16シーズン

2015―16シーズンに向けて、チームとして新外国人選手を補強することにした。他のチームもこぞって高い選手を獲得していたので、東芝でも196cmのセッドが退団し、新しく211cmのビッグマン、ブライアン・ブッチが入団した。

リュウセイと僕はケガを克服し、開幕戦に間に合った。しかし、ヤスの復帰は10月末までずれ込むこととなった。

チームとしては開幕3連勝と、これ以上にない好スタートを切ることができたが、ケガから復帰したばかりのリュウセイと僕のコンディションは万全ではなかった。

しかも新外国人選手であるブッチは日本のバスケになかなか慣れず、期待通りの活躍を見せてくれなかった。

2013－14シーズンに優勝したチームに見えなかった。

3月末の時点の成績は26勝15敗。順位も5位と崖っぷちの状況であった。

そのシーズンのレギュレーションでは上位8チームがプレーオフに進出できたため、5位フィニッシュでもプレーオフ出場権は獲得できたが、シーズン5位で終わるとプレーオフのクォーターファイナルで強豪と当たることになる。

1つでもレギュラーシーズンの順位を上げる必要があった。

そこで行われたのが、選手たちだけのミーティングだ。

自分の役割をきちんと理解していない選手がいたし、コート上でどういう動きをすればいいか共有するためにも、選手間だけでのミーティングが必要だった。

通常、選手間ミーティングでは遠慮して発言しない選手が多いが、この時のミーティングでは、5～6人が積極的に自分が思っていたことや改善したい点を議論し、長いミーティングになった。1時間以上、選手同士で話し合った。

僕はチームメイトにこう告げ《つ》た。

「もっと自信を持ってほしい。そして集中力を切らさないようにしないといけない」

続けてマドゥはこう続けた。

「お互いのためにチャンスメイクすることが大事だ」

そして僕とブッチはチームの戦術を理解してもらうために、自分の役割としてナガ（永吉佑也《ながよしゆうや》／現・京都）に、

「もっとミドルシュートを打っていいよ」

とアドバイスした。

そうしたミーティングが効果的だったのか、チームの志気は一気に上がり、シーズンの残り13試合を11勝2敗、全体3位通過でレギュラーシーズンを終えることができた。

とてもいい形でプレーオフに臨《のぞ》むこととなった。

プレーオフセミファイナル、栃木との闘い

プレーオフのクォーターファイナルの相手はレバンガ北海道で、第1戦は84－69、続く第2戦も81－68のスコアで勝ち、ストレートでセミファイナルに駒を進めることとなった。

次週のセミファイナルの相手は、リンク栃木ブレックス（現・宇都宮）に決まった。

栃木のレギュラーシーズンは43勝11敗、全体2位の強豪チームだ。栃木には

田臥勇太《たぶせゆうた》という日本のスーパースター選手がいて、同シーズンにシーズンMVPを取った外国人助っ人のライアン・ロシターもいた。

レギュラーシーズンの順位が栃木が上位だったため、準決勝の試合はすべて栃木のホームで行われた。

宇都宮にあるブレックスアリーナはファンが熱狂的で有名。声援がすごく、選手間のコミニケーションがかき消させるアウェーチームにとってはやりにくい環境だ。

2戦先勝のセミファイナル、第1戦は懸念通り、栃木ファンに圧倒された。74－55のスコアで大敗を喫《きっ》した。

前半から栃木に流れをつかまれて、こちらに流れを戻すことができなかった。あと1試合負けたらシーズンが終わる瀬戸際に追い込まれていたが、東芝はこのような状況から何度も逆転してきたチームである。僕たちはそこまでのプレッシャーを感じなかった。

第2戦はいいスタートを切って、流れを先につかんだ。

序盤からリードして、そのまま逃げ切って勝つ自信があった。

第3クォーターに試合を左右する大きなアクシデントが起きた。

栃木のロシターがルーズボールを追いかけたあと、突然倒れて、立ち上がることができなくなってしまったのだ。もともとシーズン終盤にふくらはぎをケガしていたロシターはプレーオフに合わせて復帰したが、足の状態は100%ではなかったはずだ。

しかし、それでも栃木は強かった。でも、76－69で東芝が競《せ》り勝った。

ロシター不在の栃木との第3戦。それでも、一進一退の大接戦となった。

試合残り時間1分を切った時点のスコアは、62－60の2点差で東芝がリード。

どちらが勝っても、おかしくない状況だった。

僕はフリースローライン辺りでパスを受けて、リングに向かってフローターシュートを打ちにいった。その瞬間、田臥が僕の下に入ってきて、ぶつかった。

「ピーッ！」

笛が鳴ったと同時に、ボールがキレイにリングに入った。

バスケットカウント（シュートを決めながらファウルをもらう）で、フリースローの権利をもらえるビッグプレーである。

フリースローもきっちり決め、3点プレーとなり、スコアは65－60となった。

そのあと4点決まり、最終的には69－60のスコアで勝った。

来日してから4シーズンをプレーして、3回目のファイナル進出となった。

アイシンとのファイナル／第1戦～第4戦

2016年のNBLファイナルは3戦先勝だった。ファイナルの相手は宿敵であるアイシンだ。

アイシンは桜木ジェイアール、比江島慎《ひえじままこと》、金丸晃輔《かなまるこうすけ》、ギャビン・エドワーズなどが揃っているスター軍団だった。

5月28日、第1戦は第4クォーターの途中までリードしており、絶対勝てる試合だった。しかし、第4クォーターの終盤に突如、雑なプレーが多くなり、

70－65のスコアで逆転負けしてしまった。

次の日の第2戦は最初からエネルギーがなく、まったく流れをつかむことができなかった。結局、74－63のスコアで連敗を喫し、早くも崖っぷちになってしまった。

優勝するためには3連勝をするしかなかった。当然、その可能性は厳しく、絶望的な状態だった。

第2戦終了後のロッカールームではみな覇気をなくし、誰もが下を向いていた。その中で、大声で泣いている選手がいた。マドゥである。

号泣しているマドゥを全員が呆然と眺めていた。ずっと泣き続けてるマドゥを見かねた北さんは肩に手をかけて慰《なぐさ》めていた。

でも、終わったわけではない。

マドゥには「まだ泣くのは早い」といいたかったが、北さんに任せ、静観していた。

負けたら即終了の第3戦。僕たちは開き直っていて、序盤から流れをつかんだ。

この日のツージは凄《すさ》まじかった。この試合で3ポイントシュートを7本決めて、合計30点を取ってチームを引っ張ってくれた。ツージの活躍もあり、88対73と大勝することができた。

第4戦まで中4日があったため、少しリフレッシュすることができた。

チーム練習でも、オフェンスをもっとシンプルにして、ピックアンドロール中心にすることにした。アイシンの弱点はピックアンドロールのディフェンスだと分析し、そこを狙うことにしたためだ。

6月4日の第4戦。

チームの作戦が最初から功を奏し、ピックアンドロールが機能して、ゲームプランをスムーズに遂行することができた。チーム全員で82点を取り、22点差で楽に勝つことができた。

第4戦は僕自身、一番よいパフォーマンスを出せたと思う。30点を取って、調子は上向きだった。

毎試合ごと、さらにはクォーターごとに異なる選手がチームを引っ張っていたため、アイシンにとってはやりにくかったと思う。

間違いなく流れは東芝に来ていた。

これで2勝2敗のタイとなり、第5戦まで戦うことになった。

僕が加入した1年目、あの2013年の決勝とは違う結果になるように頑張りたいと心から思った。

アイシンとのファイナル／運命の第5戦

２０１３年のファイナルと同じように、第5戦は最後までどっちが勝つかわからない死闘となった。

試合の序盤から大接戦で、試合残り28秒でスコアは70－67の東芝3点リードを迎えていた。その局面でファイナルを運命づける、プレーがあった。

東芝ボールでサイドからスローインする時、ショットクロックに残り１秒しかない状況だった。スローインのパスを受けた瞬間にシュートを打たなければいけないわけだ。

もちろん、相手のアイシンもわかっている。スローインからのパスを受けたツージは、バランスを崩しながらも3ポイントシュートを放った。打った瞬間にショットクロックのブザーが鳴ったが、ボールはリンクに吸い込まれた。

素晴らしいシュートだった。

その劇的なシュートにより、リードを73－67に広がった。

そして結果、76－70とスコアを伸ばした東芝は優勝を決めた。


僕が加入した4年の間に、2回も優勝できて最高の気分だった。

NBLの初年度2013－14年に優勝し、NBLの最後となる2015－16年に再び優勝できた。

何度も崖っぷちまで押し込まれたが、チームは絶対諦《あきら》めなかった。だからこそ成し得た結果である。初めての優勝より、NBLラストの年で優勝を飾れたことに達成感を得ていた。

NBL 2015-16シーズンに優勝。ツージとマドゥと優勝トロフィーを持って記念写真

B.LEAGUE初年度

２０１６―17年のシーズンは「B.LEAGUE元年」となった。それまで日本のバスケットボールリーグはNBLとbjリーグの2分化されていた。

NBLの最後の年に優勝を果たしていた僕たちは、B.LEAGUEになっても優勝できる自信があった。

さらにこの年には、ライアン・スパングラーという運動能力が高い外国籍選手を獲得し、チームの強さはさらに増していた。

ライアンはその前のシーズンにＮＣＡＡトーナメント（大学ナンバーワンを決める大会）でベスト４に入ったオクラホマ大学で活躍した選手だった。当時、25歳になったばかりのエネルギッシュなプレーヤーで、彼は間違いなく、チームにとっていい武器になるはずだ。

シーズン開幕直後は２連敗してつまずいていたものの、その後すぐにチームの調子は上がり、15連勝を記録した。視界も良好で、その後もレギュラーシーズンを勝ち続けていた。

しかし、シーズンの途中にライアンの調子がおかしくなった。今思えば、おそらくホームシックだったと思う。僕は先輩の外国籍選手として彼の面倒をみて、夜ご飯に誘っていた。それでも彼は元気がない時期が続いた。

２０１７年1月末の名古屋ダイヤモンドドルフィンズ戦で、ライアンはヒザをケガしてしまった。医師の診断はヒザの捻挫《ねんざ》で、復帰には2～3週間ぐらいかかるとのこと。ライアンは一時アメリカに帰国し、２週間後に日本に戻ってくる予定だった。

ライアン不在の3カ月間

ライアンは2週間経っても、戻ってこなかった。それよりも大きな問題が生じたのである。ライアンは長時間のフライトより足に血栓ができてしまったのだ。アメリカのドクターからは、「血栓がなくなるまで、飛行機に乗ってはいけない」と告げられたという。

結局、2~4月はライアン不在のまま、3カ月間、マドゥとナガ（永吉佑也）と僕で彼の穴を埋めるしかなかった。

それでもなんとかチームの勢いを保つことができた。

ライアンがいつ日本に戻ってこれるのかは誰もわからず、最悪の場合、ライアンが戻ってこないかもしれないとチーム全体が覚悟をしていた。彼に連絡をとっても曖昧《あいまい》な返事しか戻ってこなかったため、不安はいっそう募った。

4月に入って、ライアンの血栓がなくなったと報告がきた。

ようやく彼は日本に戻ってきたが、コンディションが戻るまで少し時間がかかった。彼の調子が徐々に上がってくると、チームの成績も比例してよくなり、そのままレギュラーシーズンを勝率1位で終わることができた。

B.LEAGUEのチャンピオンシップ（プレーオフ）のクォーターファイナルではサンロッカーズ渋谷にストレート勝ちして、セミファイナルでもアルバルク東京に2勝1敗で勝ち越した。

これであと1勝したらB.LEAGUE初年度優勝というところまできた。

ライアンが復帰したことで陣容も整い、チームはものすごく勢いに乗っていた。優勝できるとチームの誰もが思っていた。

2016-17 B.LEAGUE初年度のファイナル

2017年5月27日、B.LEAGUE決勝戦

B.LEAGUEではNBLの時とルールが変更され、ファイナルは一発勝負になった。今までのファイナル5試合制（3戦先勝）だったため、一発勝負のファイナルを経験するのは初めてだった。

相手は栃木ブレックス。

代々木第一体育館は1万人以上のファンが会場を埋め尽くし、満席状態だった。だが、試合会場のファンの7割は黄色いTシャツを着た栃木ファン。また

してもアウェー状態だった。

それでもその環境の中でプレーするのはとても楽しかった。日本に来た時は、まさか1万人以上の前でプレーするとは夢にも思っていなかった。

試合は最後まで接戦だった。

試合時間残り1分28秒で、80－79のスコア。

1点ビハインドだったが、川崎は完璧なダブルピックアンドロールを遂行した。リュウセイ（篠山竜青）がライアンに完璧なパスを出し、ライアンがジャンプしてゴール手前でパスを受けた。

ライアンがレイアップシュートに行った。しかし、リング目の前でシュートを外してしまった。会場から溜息がもれた。

ダンクをするか、レイアップシュートをするかを迷って、シュートを落としてしまったのだろう。

その直後、栃木の古川孝敏《ふるかわたかとし》選手（現・秋田）がシュートを決めてリードを3点差に広げた。最終的には85－79のスコアで優勝を逃《のが》してしまった。

B.LEAGUE2016-17シーズンMVP賞を受賞した夜

あまりにも悔しい負けだった。その悔しさは、いまだに心に残っている。

この負けの原因は「このチームなら絶対に勝てる」という自負が、心の隙《すき》を生んだからだ。どんなチームでも弱点はある。「絶対」はないのだと。

3日後、六本木で行われた「B．LEAGUEアワードショー」に招待され、2016－17のリーグMVP賞を受賞した。

しかし、優勝できなかった悔しさはまだ残っていた。

6

第6章

帰化、そして
ワールドカップに
行く決断

Decision to Naturalize

My Basketball Journey

来日5年目で考えたこと

日本で活躍している外国人選手は、だいたい5年以上日本でプレーしたあとに帰化申請を考える選手が多い。

日本は世界で見ると帰化申請基準が厳しく、最低5年以上は日本でプレーしないと帰化することは不可能に近いといえる。

僕も来日5年目になり、帰化申請を考えはじめ、川崎ブレイブサンダースのフロントに相談することにした。そして、クラブから「全力でサポートする」

との約束をもらえた。

帰化について妻のステファニーや両親にももちろん相談をした。

国籍を変えることは、決して簡単な決断ではない。

何週間も悩み、いろいろな人のアドバイスを聞いてみた。


もし帰化できたら、日本代表に選ばれる可能性が高いのは理解していた。日本代表に招集されたらオフシーズンは休めなくなる。

また、それ以上に日本語の問題があった。

不安なことがたくさんあったが、間違いなくマイナスより、プラスのほうが多い。

日本で長くプレーができるようになるし、クラブにとっても大きいアドバンテージにもなる。

そして、何よりいちばん大きな理由は日本代表として、２０２０年の東京オリンピックに参加できる可能性があったことだ。バスケ選手だけでなく、スポーツアスリートにとって、オリンピックは誰もが参加したい最高峰の舞台だからだ。
オリンピックに出たいという気持ちが日に日に強くなった。
帰化申請をしよう。
戸惑いはなかった。

帰化への険しい道のり

帰化申請を決断した際に、クラブのスタッフにひとつ大事なお願いをした。帰化申請に対して自分の日本語のレベルは足りないことを痛感していた。そこでよい日本語の家庭教師をつけてほしいとお願いした。

クラブが用意してくれたのはヨウコ先生で、すぐに日本語のレッスンを開始した。毎週火曜日の夜2時間、たまに妻も同席で日本語レッスンを受けた。

日本語の日常会話から読み書きの練習まで繰り返し行った。もちろん、それまでは読み書きはまったくできなかった。日本語レッスンはとてもハードで、すごく苦労をした。

日本語の文法は英語の文法と並び方も違う。そして何より、英語はアルファベットだけだが、日本語にはひらがなとカタカナ、そして漢字があるため、覚えなければいけないものが多すぎる。とても難しい国語だと感じた。

日本語を勉強して1年ぐらいで、ひらがなとカタカナは読めるようになったが、漢字はまだ読むことができない。

帰化申請のためには日本語の勉強のほか、たくさんの手続きが必要だった。想像できないほどの量の書類を提出しなければならず、毎週のように両親に連絡をしては、アメリカから書類を送ってもらった。

帰化申請の途中には法務局による面接がある。

この面接がいちばん重要で、もし日本語の質問に答えられなかったら、帰化申請を断念しないといけないといわれた。僕の周りにもこの面接に落ちて、帰化申請を断念した人が何人もいた。

面接の重要性を知っていたため、直前にはとんでもないほど緊張した。まだ日本語を話す自信がなかったし、何を質問されるかわからなかったからだ。

面接官にも僕の緊張感は伝わったのだろう。内容は想定したよりも簡単な質問で、すべて答えることができた。

その後、2回目の面接に呼ばれた。1回目の面接に落ちなかったという意味だったので、少しほっとした。

2回目も1回目と同じように簡単な質問を聞かれて、なんとか答えることができた。面接が終わったあとに面接官に「もっと日本語を勉強してきてね」といわれたけれど、よい方向に向かっていると確信した。

長い長いプロセスだったが、いいニュースが耳に届くことになる。

2018年4月26日。日本政府が出す官報に僕の名前があった。

ニコラス・ライアン・ファジーカス。

念願の日本国籍を取得できたのだ。最高の気分だった。

２０１２年に初来日した時は、僕が日本人になるなど夢にも思っていなかった。

ただ、今は日本人になったことを誇りに思う。


ある日、僕と妻ステファニーがタクシーに乗っていたら、運転手が英語で話しかけてきた。

「どこの外国の方ですか?」と聞かれたので、妻は「アメリカ人」と答え、僕は「日本人」と答えたら、「ノーウェイ!(絶対ない)」と首を振りながら疑っていた。全然、信じてくれなかったが、僕は確かに日本人になったのだ。

日本国籍を取得してすぐに日本バスケットボール協会から連絡があり、「日本代表でプレーしてほしい」と言われた。

そのための帰化であったし、日本のバスケットボールのために力になりたいという気持ちがあった。また僕自身もオリンピックに出場したい思いが強く、日本代表入りは即決だった。

ただ当時は、２０２０年のオリンピックの開催国枠での出場は認められていなかった。ＦＩＢＡからの出場条件はいくつかあったが、ひとつは日本代表が国際大会でいい成績を残すというものだった。

ワールドカップ出場、それしかなかったのだ。

フリオ・ラマス 日本代表ヘッドコーチ

日本代表のヘッドコーチであるフリオ・ラマス氏のことはほとんど知らなかった。アルゼンチン代表のヘッドコーチの経験があると聞いていたが、それ以外、彼の情報は皆無だった。

2018年6月。日本代表の合宿に初めて参加して、ラマス氏の指導を受けた。合宿がはじまる前にラマス氏とミーティングの機会があり、僕に日本代表チームでの役割を説明してくれた。

託されたのは、「得点を取るチームリーダーになってほしい」ことだった。

彼はおっとりした性格で、話しやすくて好感が持てた。アルゼンチン出身のため母国語はスペイン語だが、英語も流暢《りゅうちょう》なため、十分コミュニケーション取れる。そのため、彼と会話する時は通訳を通す必要もない。

ラマス氏のバスケットボールはシンプルでわかりやすく、僕のプレースタイルに合っていると思う。

ピックアンドロールのオフェンスが多く、ボールをインサイドに入れることを強調するから僕にボールがよく回ってくる。僕のためのセットプレーがたくさんあるので、点を取れるチャンスが多いのも事実だ。

しかも、仲間はみんな、日本の選ばれし選手たちばかり。負担なくプレーができる。

ラマス氏の最大の長所は選手の起用法だろう。

選手の采配が巧みなため、流れをうまく保つことができる。たとえば、ツージ（辻直人）については、いつもワンポイントで起用していい場面でツージがスリーポイントを決めるように演出する。

馬場雄大《ばばゆうだい》に関しても彼の勝負強さを見極めて起用しているので、試合のいいところで必ず活躍している。

僕についても年齢を考慮し、たまに練習の一部を休ませてくれる。

もし選手が何か質問や気になることがあったら、とことん理解するまで、ちゃんと話し合いをしてくれる。

選手に好かれるコーチを「プレーヤーズ・コーチ」というが、ラマス氏はまさしくそれであり、選手への配慮は申し分ない。

日本代表の合宿中では朝夕の2部制の練習が多くあるが、朝の練習時間は別メニューで自主練にさせてくれる場合がある。彼は僕のことをとても大事にしてくれると思わせてくれる瞬間だ。

EPA＝時事

ラマス氏と常によいコミュニケーションを取っている

ラマス氏が日本代表のヘッドコーチでよかった。彼の下でプレーするのは楽しい。

日本代表はここまで来れたのは彼の手腕によるところは大きいと思う。ラマス氏が率《ひき》いる日本代表はいい結果を残せると確信しているし、彼のためにもいい結果を残したいと思う。

オーストラリアとの対戦

日本代表のメンバーとしてまず大事な仕事は、「ＦＩＢＡバスケットボールワールドカップ２０１９」の出場権を獲得することだった。

僕が４月に日本国籍を取得した時点で、ワールドカップ予選ははじまっており、日本代表はすでに４連敗を喫《きっ》していた。

２０１７年11月24日／日本71－77フィリピン

2017年11月27日／オーストラリア82－58日本

2018年2月22日／日本69－70チャイニーズ・タイペイ

2018年2月25日／フィリピン89－84日本

ワールドカップ予選は1年半の間に12試合があり、4連敗中だったので、残り8試合すべて勝つしかワールドカップの出場権は獲得できない。まさに瀬戸際状態だった。

2018年6月29日、千葉ポートアリーナで行われた日本代表のワールドカップ予選デビュー戦。

僕自身、日の丸をつけての初めての公式戦である。

相手は強豪オーストラリア。

ホームゲームであったため、アリーナは満席状態だった。

しかし、これまで日本代表はオーストラリアに勝ったことがなかった。詰めかけたファンもマスコミも誰もが、オーストラリアに勝てるとは思っていなかったのではないだろうか。

そのためか、逆に選手たちにとってプレッシャーをあまり感じていなかった。

試合前、日本代表のチームメイトへ言葉をかけた。

「確かに日本はオーストラリアに勝ったことがないかもしれない。だけど、今までの日本代表には僕がいなかったはずだ」

これはチームメイトの緊張をほぐすためであり、自分自身を鼓舞《こぶ》する言葉。素晴らしいスピーチではなかったかもしれないが、チームメイトたちに自信を与えられた気がした。

Matt Roberts/Getty Images Sport/Getty Images

2018年7月のワールドカップ予選（試合前）。日本代表でも22番を付けている

日本のアドバンテージ

今回は日本代表のほうにアドバンテージがあった。

まずホームの試合だったことだ。千葉ポートアリーナに駆け付けたファンはほとんど「Akatsuki Five」のブースターだった。

また、オーストラリアはフルメンバーではなかった点もあげられる。この試合に出場予定であったＮＢＡ選手が招集できず、有力な選手はソン・メイカーとマシュー・デラベドバだけだった。

そして、日本の最大のアドバンテージは八村塁《はちむらるい》の存在だった。彼はアメリカのゴンザガ大学でプレーをしていたため、それまでのワールドカップ予選の試合に出ていなかった。夏休みに入り、この試合から日本代表に参加。日本にとって彼の存在はすごく大きかった。

２０３㎝の八村塁と、２１０㎝の僕が一緒にプレーすることは、オーストラリアとマッチアップするのに引けを取らない。

オーストラリアには２１６㎝のソン・メイカーと２０８㎝のダニエル・キカートがいたが、それほどサイズのアドバンテージはなかった。

試合は出だしから、みんな集中していた。特に八村は調子がよく、躍動しており、その勢いで試合をリードしていった。全員が自信を持ってプレーをしていた。

試合開始の直後から勝つ予感がした。逆にアンダードッグとしてチャレンジできたことで、楽しんでプレーできたのがよかったのではないか。

僕自身も絶好調で、特にシュートタッチがよく、スリーポイントシュートを2本決めた。最終的には25得点、12リバウンドを取ることができた。

しかし、オーストラリアとの試合は一進一退のまま進んだ。

試合時間残り28秒で、スコアは75－74。日本が1点リードしていた。オーストラリアのニック・ケイがベースラインからシュートを外したあと、ボールは川崎でもチームメイトのリュウセイ（篠山竜青）の手に落ちた。一瞬、迷っているように見えたけど、猛スピードで走って、レイアップで2点を決めた。

これで77－74の3点リードになった。これは本当に大きいプレーだった。

その直後、八村がダンクを決めて、最終的には79－78のスコアで終わった。

日本がやっとオーストラリアに勝った瞬間だった。

オーストラリアの選手は全員、呆然としていた。素晴らしい気分だった。

その試合は今までの僕のキャリアの中で最も楽しい試合だった。日本のバスケットボール界にとっても大きい勝利だったし、自分にとって本当に印象に残る試合だった。

その3日後、台北でチャイニーズ・タイペイとの試合をした。日本代表のメンバーとして2試合目だったが、108－68の大差の勝つことができた。

これで日本代表は2連勝で勢いに乗った。この勢いは誰にも止められない気がした。

The Asahi Shimbun/Getty Images

2018年7月に台北で行われたワールドカップ予選のチャイニーズ・タイペイ戦。
日本108-68チャイニーズ・タイペイで勝った

富山でのワールドカップ予選

２０１８年７月。足首の痛みがあったため、アメリカで手術を受けることにした。手術して骨片を除去したら、もっと動きがよくなると思っていたが、９月のワールドカップ予選の試合に出ることができなくなる。

悩んだが日本代表の仲間を信じ、その先を見越して手術の選択した。

僕が不在でも日本代表は強かった。９月のカザフスタン戦とイラン戦には八村塁と渡邊《わたなべ》雄太《ゆうた》の２人が出場したので、どちらも勝つことができた。

2018年9月13日／カザフスタン70－85日本
2018年9月17日／日本70－56イラン

この勝利で日本代表は4連勝となり、4勝4敗の五分に。ワールドカップ出場に光が見えてきた。


次は2018年11月30日のカタール戦と12月3日のカザフスタン戦。

この2試合は富山で行われた。ホームで行える日本代表の試合はアドバンテージがあり、僕自身もプレーをするのが楽しみだった。

11月30日。4000人以上のファンの前で、カタールを85－47のスコアで下《くだ》した。ブースターはほぼ日本のファンで会場は赤く染まっていた。あの光景は何度見ても素晴らしい。

この試合では今まで以上にファンの声援を強く感じた。僕への声援もよく聞こえた。日本のバスケファンに僕のことを温かく受け入れてもらい、最高の気分だった。ワールドカップ予選中の富山滞在の1週間は僕にとっても特別な時間となった。街中でも「ニック、頑張れ！」とか「ニック、お疲れさま」と声をかけてくれていた。試合会場に足を運んでくれたファンも、「ＪＡＰＡＮ22」のユニフォームを着てくれる人が多く、鳥肌が立った。

12月3日。同じく４０００人以上のファンが集まっていた会場で、カザフスタンに86－70と競《せ》り勝ち、連勝を６に伸ばした。

カザフスタン戦では僕が日本代表に入ってから一番よいパフォーマンスを出すことができたと思う。41得点、15リバウンドを取って、日本代表の勝利に貢献できたのが何よりうれしかったし、ラマス氏の起用にも応えられた。

次のワールドカップ予選の試合は２０１９年２月のアウェーのイラン戦とアウェーのカタール戦。この２戦を連勝できたら、念願のワールドカップの進出が決まる大一番であった。負ける気がしなかった。

The Asahi Shimbun/Getty Images

2018年12月に富山で行われたワールドカップ予選のカザフスタン戦。日本86-70カザフスタンで勝った

ワールドカップへ王手

２０１９年2月21日。イランはもともとタフなチームで、特に本拠地のテヘランでの試合では30年近く負けたことがないらしい。しかも、テヘランの試合会場は独特の雰囲気があり、対戦チームはやりづらいと聞いていた。まさにホームコートアドバンテージのチームだった。

イランの大黒柱である元ＮＢＡ選手のハメド・ハダディはこの試合に出なかったが、彼がいなくても強いチームであることは変わらない。

こうした状況でも、僕たちは全然ナーバスにならずに平常心だった。

イランと戦う準備ができていた。当然、勝つ自信があった。

スタートからマコ（比江島慎《ひえじままこと》）が調子よくて、シュートを立て続けに決めた。

その勢いに乗り、僕も次第にギアを上げ、この試合2人でたくさんの得点をたたき出した。試合は接戦になったが、最後はイランを突き放して97－89で勝つことができた。

これで悲願まであと1勝。崖っぷちの状況から、あと一歩で目標を達成するところにたどり着いた。


2019年2月24日、ドーハ。試合前からカタール戦は勝つと思っていた。3カ月前に対戦し、勝ったばかりだったのでその自信はあった。

この試合のいちばんのポイントは、第3クォーターの残り3分ぐらいだった。

日本のオフェンスのショットクロックが2秒を切ったところで、リュウセイ（篠山竜青）がハーフラインの近くから片手の超ロングシュートを決めたシー

EPA=時事

日の丸をつけて、勝つのは気持ちいい

ンだ。奇跡的なシュートだったので、アメリカのスポーツ番組でもそのシュートシーンが流れるほどだった。

試合は96－48で勝利をものにし、ワールドカップ進出を決めた！

崖っぷちの4連敗から8連勝して目標を達成した。自分が日本代表に合流した6月にはワールドカップ進出は、ほぼ不可能だと評価されていた。しかし、チーム全員がワールドカップに行けると信じていた。

カタール戦を終え、日本への帰途の成田空港。大勢のファンが出迎えに集っていた。マスコミもたくさん来ており、有名なロックスターになった気分だった。今まで経験したことない素晴らしい光景だった。

ワールドカップ組み合わせ抽選会

2019年3月16日。「FIBAバスケットボールワールドカップ2019」の組み合わせ抽選会の行われた日だ。

僕は川崎の遠征先のホテルで、リュウセイとツージ、ビンビ（藤井祐眞《ふじいゆうま》）とハセ（長谷川技《はせがわたくみ》）と一緒に中継を見ていた。

日本代表にとってよい組み合わせになるように……。

Takashi Aoyama/Getty Images Sport/Getty Images

2018年6月、初めて日の丸を背負った試合。東京で行われた韓国とのエキシビションマッチ

日本と同グループEになったのは、トルコ、チェコ、アメリカ。

日本にとってはいい組み合わせだと思う。もちろん、トルコとチェコの情報が少なく、一概には言えないが、世界ランキングやNBA経験者の人数を見ると、トルコとチェコには互角に戦えるだろう。

日本代表には八村塁と渡邊雄太と僕の身長（高さ）がある。これは絶対的な強みであり、アメリカ以外どの国と対戦しても勝てる自信がある。

アメリカはNBAのスーパースター軍団のため、勝つのは正直至難だろう。ただ、アメリカは世界一のチームで、そこと対戦できることにワクワクする。アメリカとの対戦経験は、今後の日本代表のさらなる強化につながればいいと思う。

僕自身もアメリカ戦では、アンドレ・ドラモンド（現・デトロイト・ピストンズ）とマッチアップするはずだ。そのようなスター選手とマッチアップできるのを楽しみにしている。

日本のバスケがここまで来たということを、世界に見せたいと思う。

7

第7章

僕に刺激を与えてくれる存在

Influential People in My Career and Life

My Basketball Journey

川崎で共に戦う3人

ここでいつも共に戦う川崎のメンバーに触れよう。

川崎のキャプテンであるリュウセイ（篠山竜青《しのやまりゅうせい》）はチームの顔でもある。身長は１７８㎝しかないが、得点力もあるし、パスもうまい。日本代表のキャプテンも務めているので、間違いなくリーダーシップをとれる人間だ。また、彼は注目されるのが好きなのか、いつも取材を受けている。

彼のすごいところはプレーが毎年、進歩している点だ。

僕が最初に東芝のチームに入った時、リュウセイは入団2年目だったので、そこまで自信を持っていなかった。それが今では日本屈指の選手に成長した。彼の成長を見てこれたことが正直僕の誇りでもある。

彼が2016年に初めて日本代表に選ばれた時は、本当にうれしかった。彼はそれ以来ずっと日本代表の一員として頑張っている。リュウセイとずっとよい関係を保て、川崎と日本代表でも一緒にプレーできることは光栄に思う。

ツージ（辻直人《つじなおと》）はBリーグの中でトップクラスのシューターだ。彼ほどいいシューターは、なかなか目にすることはできない。また、彼ほどパスセンスがよい選手もいない。

彼は2014年と2016年に「ファイナルMVP」に選ばれた。それは彼が勝負強い選手の証明にもなっている。彼と同じ年に東芝に入団したが、それ以来、彼とはとてもよい関係を築けている。

彼の息子は僕の息子と1歳違いのため、子ども同士でよく一緒に遊んでいる。

その姿を見ると微笑ましい気持ちになる。

プライベートの彼は、いつもみんなのことを笑わせるタイプ。いつも笑顔なので、一緒にいる時間は常に楽しい。


最後にひとり。「最強のシックスマン」といわれる川崎のチームメイト、ビンビ（藤井祐眞《ふじいゆうま》）はすごくタフでフレンドリーな選手だ。ちなみに「ビンビ」というニックネームは「ビンボー」と「チビ」を合わせて、僕が名付けた。

彼は本当に友人が多く、各クラブに仲のいい選手がいる。

しかし、試合では絶対に手を抜いたりはしない。ものすごくエネルギッシュで、試合終了まで必死にプレーする姿は尊敬に値する。

2017年の試合中に歯が折れたビンビ。でもそのまま試合に出て、翌日に歯を治して、その日の試合に出ていた。その姿を見た時、彼ほどタフな選手はいないと思った。

©KAWASAKI BRAVE THUNDERS

2017-18シーズンの試合前にビンビ（藤井祐眞＝写真左）と談笑中

代表のチームメイト

ここで、日本代表の戦友についても書いておこう。

千葉ジェッツに所属している富樫《とがし》勇樹《ゆうき》。彼はすばしっこく、得点力もあり、バスケＩＱが高い選手。一緒にプレーするのは楽しいけれど、彼のプレーを観るのはもっと楽しい。

いろいろサーカスショット（曲芸的なシュート）を決めたり、難しいシュートを決められる技術を持っているからだ。

彼の得意なプレーはワンドリブルからのスリーポイントシュートで、そのシュートを確率は高く、その得点をなかなか止めることができない。

富樫は控えめな性格で目立ちたがり屋ではない。しかし、負けず嫌いで、勝ちたい気持ちを強く持っている。

また、英語が話せるので、コート上では通訳もこなす。そのおかげで日本代表のチーム内のコミュニケーションはよくなっていることを考えても、彼の存在は大きい。今回のワールドカップにはケガで出れないが、日本代表で一緒に長くプレーをしたいと思うひとりだ。

次に、アルバルク東京の田中大貴《たなかだいき》。彼も一緒にプレーするのは楽しい選手だ。彼と初めて対戦したのは、大貴が大学生の時。２０１４年にオールジャパンで東海大学と対戦した時だ。そのころから彼を見てきている。大貴は富樫と共通点がいくつかある。たとえば、２人ともバスケＩＱが高く、パスセンスがある点だ。

彼はピックアンドロールをうまく使える選手なので、アルバルク東京のチームスタイルにはよく合っている。日本代表でも強弱をうまく使えて、クレバーで勝負強い。大事な場面で頼れる存在だ。

プライベートでは口数が少ないが、バスケへの情熱は人一倍熱く、合宿中、僕とバスケの話をよく交わす。

それにしても、大貴は張本天傑《はりもとてんけつ》と常に一緒に行動しているのはなぜなのだろう……。朝食から晩まで、ずっといつも一緒なのだ。

同じくアルバルク東京の馬場雄大《ばばゆうだい》について。

彼は間違いなくBリーグの中でいちばん運動能力を持っている日本人選手で、外国人選手と比べても引けを取らない。

トランジションでは彼のことを誰も止められないし、ユーロステップをうまく使える貴重な選手だ。

馬場は日本代表の中では若いため、いつも気を遣っている。彼は自分の実力を知っているはずだがひけらかすことなく、大人しくて謙虚だ。また一生懸命、英語を話そうとするので彼と話すのは楽しい。前から海外で挑戦したいと言っていたので、必死に英語を覚えようとしている。そうやって僕に話しかけてくれるので、僕も馬場のことを気に入っている。

宇都宮ブレックスのマコ（比江島慎《ひえじままこと》）は他の日本人選手と違うものを持っている素晴らしいプレーメーカー。いつも冷静で、プレッシャーを感じさせない特別な存在だ。

マコはバスケに対する向上心を持ち、常に練習をしている。バスケへの情熱があふれているから、周りの選手にいい刺激を与えている。

日本代表で一番大人しいかもしれない。あまり喋《しゃべ》らないけれど、2018年からオーストラリアで半年プレーしたから英語がかなりうまくなった。

渡邊雄太とはまだ一緒にプレーしていないが、早く一緒にプレーしてみたいと感じさせる選手だ。もし雄太と塁と僕が同じコートに立ち、一緒にプレーしたら、また新たな日本代表を見せられると思う。

彼は身長206cmあるから、僕と塁と一緒に出れば、世界レベルの高さがあるチームになるだろう。

雄太のプレーは映像でしか観ていないが、ドライブができて、ファストブレイクでフィニッシュまでできる選手。馬場と同じぐらい運動能力を持っていると思う。

彼はオフェンスとディフェンスの両方の能力があるので、スモールフォワードとして、日本代表にうまくフィットするだろう。

2019のNBAドラフトの全体9位でワシントン・ウィザーズに指名された八村塁。塁は9位にふさわしいと思うし、本当にすごいことだと思う。

彼の運動能力は素晴らしいし、トランジションの動きもよい。彼のポテンシャルは無限だ。彼は自分のためではなく、チームのためにプレーできるタイプ

JIJIPHOTO

八村塁と一緒に戦ったワールドカップ予選。彼の将来は無限なので、一緒にプレーしていると刺激をもらえる。

プライベートでは塁はユーモアがあり、いつも笑っている。どんな時もみんなとじゃれ合っている。きっと塁はこの先、日本を引っ張っていくだろう。ものすごいエネルギーを感じる人物だ。

また、所属したウィザーズは走るチームなので、塁はそのプレースタイルに合っている。2019−20シーズンのNBAオールルーキーチーム（新人ベスト5）に選ばれる可能性は高い。しかも、塁は将来にNBAオールスターに選ばれるチャンスもあると思う。

桜木ジェイアールという存在

よく記者から「あと、何年プレーするの？」と聞かれる。今は、「体の調子による」と答えている。僕は2019年に34歳となったので、まだまだ現役でやっていきたいし、第一線で活躍する自信もある。

よく、同じ帰化選手であるシーホース三河の桜木ジェイアール選手と比べられる。

彼は今シーズンで43歳を迎えるが、大きなケガもしないし、60試合を出る体力がある。まだ結果を出し続けているその姿は素晴らしいし尊敬している。

僕もジェイアールのように、40歳越えてもプレーできるかもしれない。少なくとも息子のハドソンが物心がつくまでは練習場や試合会場に連れて行き、父親のプレーを見せたいので、それまでは現役を続けたいと思う。ジェイアールも同じ気持ちを持って、今までプレーしてきたのではないだろうか。

「息子にお父さんがプロバスケ選手だということをわかってほしい」と、子どもがいるバスケット選手ならばそう思うはずだ。ジェイアールも父親としてプロバスケ選手として同じことを思っているのだと思う。

10年後、何をしているか今はわからないが、僕は今までバスケしかしたことがない。バスケが大好きだから、バスケに関わる仕事をしたいと思う。

でも、引退する前にあと1~2回は優勝したいと強く思う。

来日してから7シーズンをプレーして、リーグ優勝2回、天皇杯1回。まだ満足はしていない。そのために全力を尽くすつもりだ。

NBAのレジェンド ダーク・ノビツキー

今までのキャリアで数多くの素晴らしい選手と一緒にプレーしてきた。その中でいちばん刺激的なチームメイトは、マーベリックス時代の元チームメイトのダーク・ノビツキーだった。彼と一緒にプレーできたことは本当に誇りに思う。

ダークについては、誰が評価してもジェントルマンという。彼と一緒にプレーしていたころはＮＢＡのトップ５の選手だったにも関わらず、気取ることも驕《おご》ったところもなく、いつも僕をはじめ、他の人にも親切に対応してくれた。

マーベリックスの同僚だったサガナ・ジョップも、「ダークはＮＢＡスーパースターの中で最も謙虚な選手」と話していた。

サガナはクリーブランド・キャバリアーズでレブロン・ジェームズと一緒にプレーしていた選手だ。ダークのことは手放しに大絶賛していた。それはサガナだけではなく、他の選手でも同じだった。

ダークはルーキーだった僕のことをよくからかったり、ちょっかいを出してきた。ただ、それは彼特有の可愛がり方であり、僕自身も嫌な気持ちになることは決してなかった。

普通のファンにはわからないことだが、ダークは気前がよく、チームメイトやスタッフを頻繁《ひんぱん》に食事に連れて行ったりしていた。今でもよく覚えているが、彼が僕と従兄弟をメキシコ料理のお店に招待してくれて、３人で食事をしたのはよい思い出だった。

AFP=時事

ダーク・ノビツキーと一緒にプレーできて誇りに思う

彼はマーベリックスのスタッフと仲よくて、トレーナーとエキップメントマネジャーとよく食事に行っていた。プロスポーツの世界ではアスリートはあまりスタッフと食事に行ったりはしないが、ダークは逆にいちばん仲よくしていたのはスタッフだった。彼は絶対自分のほうが偉いなどとは思っていなかったはずだ。

思い出に残っているのは、僕のＮＢＡのルーキーシーズンで行ったアトランタ遠征だ。アトランタに「フリードマンズ」という大きいサイズの靴を扱う靴屋があった。そのお店に置いてある靴は安くても３００ドル（約３万３０００円）以上する高価なものばかり。僕は買うつもりはなかった。でも、お店に入った直後にダークが僕に言ってくれた。

「ニック、欲しいものがあったら何でも買ってあげるよ」と。

その日、ダークから靴４足をプレゼントされた。

その同じ遠征でホテルの部屋でのんびりしていると、突然ダークから電話があった。

「今からトム・ググリオッタ（元ＮＢＡスター選手）の家にみんなで行くけど、ニックも一緒にいかない？」

たぶん、ダークは僕がルーキーで心細いと知り、気を遣ってくれたのだと思う。その日の夜、マーベリックスのオーナーのマーク・キューバンも一緒で、楽しい時間を過ごすことができた。

ダークは真面目に練習するタイプで、自主練習する時間が多かった。そのころ、「今夜、アメリカン・エアラインズ・センター（ゲームアリーナ）に行って、シューティングしよう」

とダークに誘われた。

もちろん、断る理由はない。ダークと一緒にシューティングに行き、僕は従兄弟を同行させてダークと僕のリバウンドをしてもらった。ダークとそのように一緒にトレーニングできたのは本当に光栄だった。

目の前でダークのトレードマークである片足フェイダウェイジャンパーの練

習を見れたのは素晴らしい体験だった。ダークはキャリアを通して、いつもオートマティックに片足フェイダウェイジャンパーを決めていたのは、その練習の賜物《たまもの》だろう。

ダークは２０１８―19シーズンで21年間のキャリアに幕を閉じた。彼は今でも僕にとって大きな存在であり、彼の謙虚さや優しさは見習うべき姿がそこにある。彼に心からお疲れさまと言いたい。

癒しの存在

僕の息子は２０１８年3月12日に東京で生まれた。

マスコミやファンから、「どうして息子さんは日本で産まれたの？」と聞かれるけれど、それは難しい決断ではなかった。

日本は保険制度が整っており、日本で子どもを産んだほうが費用もかからなかった点。また車で30分ほどの病院だったため、安心だったからだ。

２０１９年10月に生まれる予定の、２人目の子どもも日本で産むつもりだ。

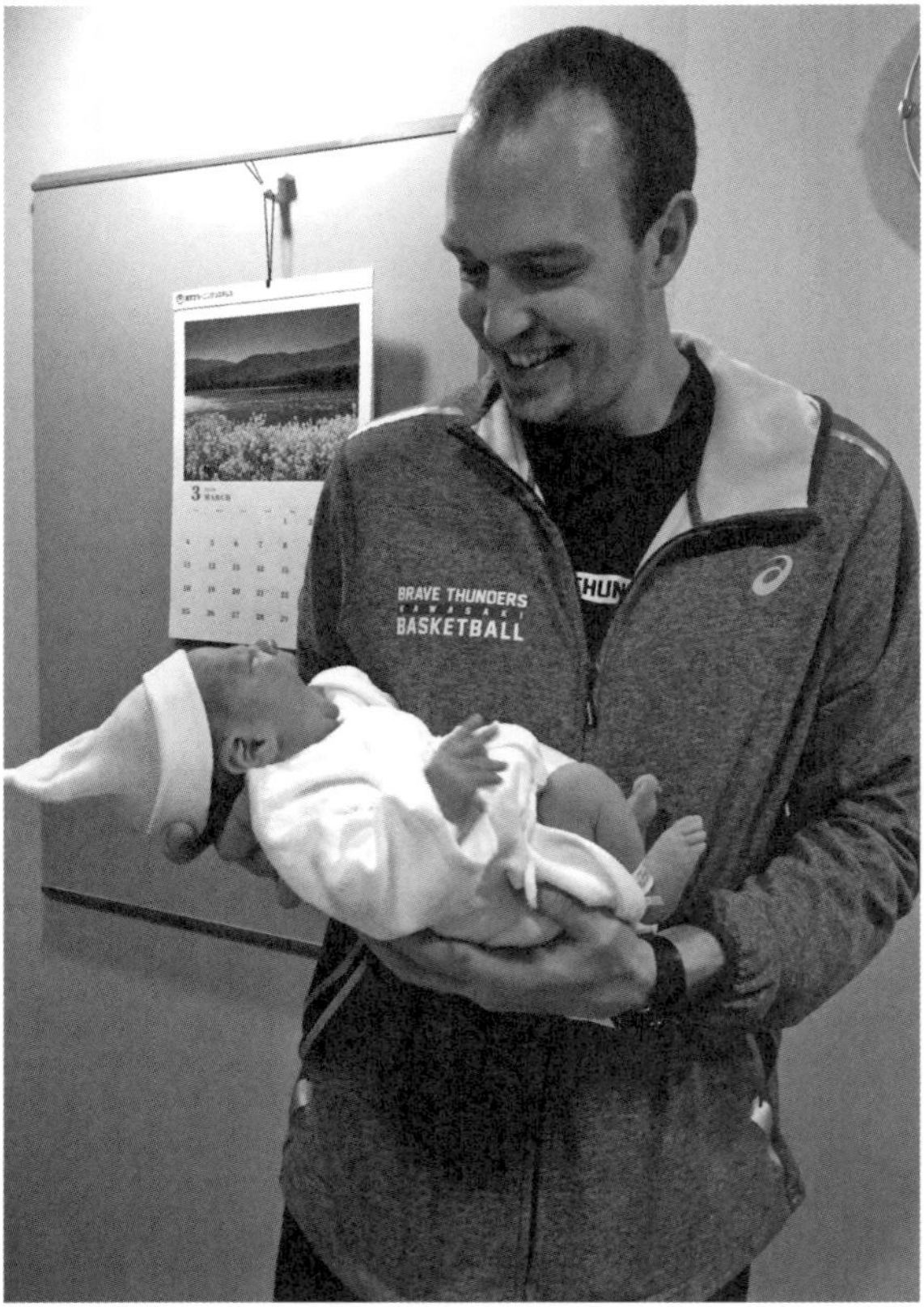

息子のハドソンが生まれた2日後

息子の名はハドソン・海渡《かいと》・ファジーカス。これもよく「どうして日本名のミドルネームをつけたの？」と記者に聞かれる。

僕と妻のステファニーは本当に日本が大好きで、日本に対してリスペクトを示すために息子のミドルネームは日本名にした。

これは家庭教師のヨウコが名付け親だ。僕が海を渡って日本に来たことにちなんだそうだが、僕はこの名前を気に入っている。

しばらく日本でキャリアを続けるつもりだから、ハドソンはたぶん日本で成長すると思う。学校のことなどはまだ考えていないが、日本語も話すことのできるバイリンガルの子どもになってほしい。チームメイトやチームメイトの子どもたちと日本語で会話できる子になってほしいからだ。

そして、いつかBリーグでプレーできるようになったら、親としてこんなにうれしいことはない。

大事なルーティン

ここで未来のBリーガーたちに僕の練習方法をアドバイスしよう。

バスケ選手にとって練習のルーティンを作るのは大事だと思う。シュートやドリブルの練習のルーティンがなかったら、決してうまくはなれない。

僕はチームの練習が終わったあと、シュートの自主練習を必ず行う。

長い練習で疲れていたら5カ所から、短い練習の日だったら7カ所から、シューティングをする。いつもスタッフ3人に手伝ってもらい、1人はパスをする人（パッサー）で、２人にはリバウンダーになってもらう。

いつもコーナーから２ポイントのシュート10本を決めてから、コーナーから３ポイントを10本決める。それで次のスポットに移って、１周するまで５カ所、もしくは７カ所から20本ずつシュートを決めていく。

こうした外のシュート練習が終わったあと、フックシュートを同じように５カ所から練習する。

シュート練習をする際のいちばん大事な点は、実際のゲームスピードで行うこと。３ポイントシュートでもフックシュートでも、すべてゲームスピードでやらないと意味がない。

中途半端なスピードでシュート練習をしている選手もいるが、僕の経験ではそれだと成長できない。ゲームスピードでシュート練習することで、実際の試合では活かすようになるからだ。

選手にとってシーズンオフのトレーニングはとても大切だ。

ＮＢＡ在籍中、マーベリックスのストレングスコーチからアドバイスを受けた。

「選手が伸びる、伸びないかはシーズンオフの練習次第」と。

その言葉は今でも心に残っていて、僕はシーズンオフにトレーニングしないと気がすまない。

それが、今につながっている。そして、今になって気づく。その積み重ねこそが得点王やオリンピックへつながっているのだと。

この先のバスケットジャーニーがどんなものになるか……、自分でも楽しみだ

オリンピック

オリンピックに出場するのは昔からの夢だった。ただ、僕にとって現実離れした絶対無理な夢だと思っていた。

２０２０年のオリンピック開催地が東京に選ばれた時も、まさか自分がオリンピックに出るとは想像すらせず、まったくの他人事だった。

しかも、日本代表のメンバーとしてオリンピックに出られるなんて！

プロバスケ選手の中でアメリカのＮＣＡＡディビジョン１（１部）、ＮＢＡ、ワールドカップとオリンピック、そのすべてでプレーした選手は数えるほどだと思う。

もし僕が今年のワールドカップと来年のオリンピックに出ることができたら、その数少ない選手に仲間入りするわけだ。それこそ、今の自分にとって大きな目標でもある。

オリンピックはワールドカップと違って、出場できるチーム数が少ない。ワールドカップに参加するチームは32チームあるが、オリンピックはたった12チーム。当然、レベルは高くなる。

世界中のバスケファンに注目されるから、間違いなく素晴らしい体験になることは目に見えている。

でも、オリンピックに出るだけでは満足していない。世界に日本のバスケの強さを見せたい。すべての試合を勝ちに行くつもりで、結果を残したいと思う。

オリンピックに出られたら、家族と友人も喜んでくれるだろう。そして、何よりも日の丸をつけて東京オリンピックに出ることがいちばん誇りだと思う。

エピローグ　バスケットジャーニーは続く

来日時から今まで、日本のファンは常に優しく親切だった。

サインや写真をお願いしてくる時、日本のファンは必ず丁寧に「サインをください」とか、「写真、いいですか?」と聞いてくる。日本では当たり前のようだが、ヨーロッパやアメリカではそうではない時のほうが多かった。

日本代表のメンバーになってから、特に僕に声をかけてくるファンが増えた。遠征先でも相手チームのファンから声をかけられる頻度が増えたのは、それだけ知名度が上がったからだろう。

こうやって日本で楽しく生活できるのは、日本のファンのおかげだと心から思う。不遇の時代もあったが、今、僕は日本が好きだし、1年でも多くプレーをしたいと思っている。

そう、思わせてくれる、みなさんに感謝を申し上げたい。

そして、感謝は遠く離れて暮らす両親にも捧げたい。

両親のおかげで若いころからの夢だけを追いかけることができた。父親がいつでも背中を後押ししてくれた。メンタルが強くなれたのは父のおかげだ。

母親はいつも優しく励ましてくれた。母が練習や試合の際はいつも車を運転してくれた。何があっても僕を支えてくれた。

ありがとう。

この両親から生まれてなければ、今の僕はいなかったはずだ。

5歳からバスケをはじめて素晴らしいコーチに恵まれた。今まで僕にバスケを教えてくれたコーチに感謝を申し上げたい。

特にネバダ大学のトレント・ジョンソン氏が僕のことを信じてくれて大学時代にチャンスを与えてくれた。彼がいなかったら僕はここまでのキャリアを持つことができなかったはずだ。

今まで在籍してきたプロのクラブにも御礼を申し上げたい。

特にマーベリックス、クリッパーズ、フィリピンのサンミゲル、そして、僕を日本呼んでくれた東芝、現クラブの親会社であるＤｅＮＡのサポートに感謝している。あと、日本でいつも僕を温かく迎えてくれるゴールドスティン家族にも感謝を申し上げたいと思う。


最後に妻のステファニーに心から「Thank you. I love you.」と伝えたい。いつも僕のことを信じて、献身的な支えをしてくれることは感謝しかない。

息子はまだ小さくて何にもわかっていないけれど、彼は僕の原動力。もっと頑張りたいと思わしてくれる存在だ。そして、いつか僕を抜かしてほしいと思う。


バスケットボールのおかげでさまざまな文化や国を体感することができた。

僕の人生にとってバスケの存在がここまで大きくなるとは夢にも思っていなか

った。これからどんな旅が続くのか自分でも楽しみだ。

この場を借りて、この本を出版するチャンスをくれた徳間書店の安田宣朗さんに感謝を申し上げたいと思う。井上雄彦さん、今季、川崎から離れる通訳のマサ、川崎ブレイブサンダース広報の畔柳理恵さん、フォトグラファーの八木淳さん、デザインを担当してくれた館森則之さん……、ここには書ききれない方々がこの本に携わってくれた。

今までたくさんの挫折《ざせつ》をしたけれど、その失敗のおかげで今の僕がいる。

全国のバスケファンに、未来のBリーガーに。

Never give up on your dreams!

すべてのみなさんに感謝を込めて。

著者: ニック・ファジーカス

1985年6月17日、アメリカ生まれ。
５歳からバスケをはじめ、ネバダ大学で活躍後に
NBAダラス・マーベリックスにドラフトされる。
その後、ヨーロッパ、アジアで活躍し、2012年に来日。
来日後、2回リーグ優勝、2回リーグMVPを受賞。
2018年に帰化して、現在日本代表として活躍中。

翻訳・企画: 大島頼昌

1972年5月2日、東京生まれ。
6歳でアメリカに引っ越しし、バスケットをはじめ、アメリカのスポーツに魅せられる
上智大学を卒業後、翻訳、通訳に専念、2002年からバスケット界で通訳として活躍。
ニックとは７シーズン共に戦う。

決断《けつだん》 バスケットボール 背番号《せばんごう》22の軌跡《きせき》

第一刷 2019年8月31日

著者 ニック・ファジーカス

発行者 平野健一

発行所 株式会社 徳間書店
〒141-8202 東京都品川区上大崎3-1-1
目黒セントラルスクエア

電話 編集 03-5403-4350／販売 049-293-5521

振替 00140-0-44392

印刷・製本 大日本印刷株式会社

ISBN978-4-19-864888-6